BENJAMÍN ZAMUDIO DEGOLLADO

EL CREDO A LA LUZ DE LA BIBLIA

Obra Nacional de la
Buena Prensa, A.C.

El credo a la luz de la Biblia
Benjamín Zamudio

1ª. edición, noviembre de 2009
Hecho en México
ISBN: 978-607-7795-26-1
Con las debidas licencias

Obra Nacional de la Buena Prensa, A.C.

Orozco y Berra 180. Sta. María la Ribera
Apartado M-2181. 06000 México, D.F.
Tel. 5546 4500 - Fax 5535 5589
ventas@buenaprensa.com - www.buenaprensa.com
Lada sin costo: 01-800-50-24-090

Librerías
México, D.F.
- Ribera de San Cosme 5
  Sta. María la Ribera
  Tels: 5592 6928 y 5592 6948
- Congreso 8. Tlalpan
  Tels. 5513 6387 y 5513 6388
- Donceles 105-D. Centro
  Tels. 5702 1818 y 5702 1648
- Orizaba 39 bis.
  Col. Roma
  Tels. 5207 7407 y 5207 8062

Chihuahua, Chih.
- Av. Tecnológico 1001
  Plaza Comercial San Agustín
  Col. Granjas.
  Tel. (614) 415 0092 y 4109461

Guadalajara, Jal.
- Madero y Pavo
  entre Federalismo y 8 de Julio
  Sector Juárez
  Tels. (33) 3658 1170 y 3658 0936

Guadalupe, Zac.
- Calle Jardín de Juárez 10
  Tels. (492) 899 7980

Mérida, Yuc.
- Calle 60 # 490 B. Col. Centro
  Parque La Madre
  Tels. (999) 928 0340

Monterrey, N.L.
- Washington 812 Pte.
  Esq. Villagómez. Centro
  Tels. (81) 8343 1112 y 8343 1121

Puebla, Pue.
- Blvd. Valsequillo 115. Plaza Crystal
  Locales 9-12. Col. Residenciales
  Boulevares
  Tels. (222) 211 6451

Torreón, Coah.
- Czda. Cuauhtémoc 750 Nte. Centro
  Tels. (871) 793 1451 y 793 1452

Tuxtla Gutiérrez, Chis.
- Tercera Oriente Sur 165-3
  Col. Centro
  Tel. (961) 613 2041

Se terminó de imprimir esta 1ª. edición el día 23 de noviembre de 2009, festividad del beato Miguel Agustín Pro, en los talleres de Editorial Progreso, S.A. de C.V. Naranjo 248. Col. Santa María. 06400. México, D.F. Tel. 1946 0620.

Índice

Dedicatoria

A mis hermanos católicos, para que unidos en la fe y en el amor de nuestro Señor Jesucristo, continuemos siendo fieles hasta el final.

A mis hermanos, que han prestado oídos a otras doctrinas, y han dejado la casa paterna, para que regresen pronto, antes de que caiga la noche.

A mis hermanos, que dicen que no creen en la doctrina de nuestro Señor Jesucristo, para que la conozcan siguiendo el consejo de Jesús a sus apóstoles Andrés y Juan: *"...Vengan a ver..."*

Prólogo

Frecuentemente hago esta pregunta a los grupos que semana a semana se congregan para recibir las llamadas "pláticas pre-bautismales": Si llegara aquí con nosotros un budista o un musulmán y les preguntara ¿en qué creen ustedes?, para ver si me convencen a convertirme en católico, **¿qué le responderían?**

Generalmente se quedan estupefactos, sonríen nerviosamente y no contestan hasta después de algunas insistencias.

Las respuestas son muy parecidas unas a otras: Algunos contestan: en Dios. Así, a secas, y nada más. Otros, después de insistir mucho, responden: en la Virgen de Guadalupe y los santos...

Yo sé que muchos no se atreven a hablar, ya sea porque les da pena o porque temen equivocarse al responder. Pero hay muchos que no lo hacen, porque no saben y se avergüenzan de mostrar su ignorancia.

Se puede decir que la generalidad de las respuestas son como queda asentado arriba. No se acuerdan de nuestro Señor Jesucristo, de su muerte y resurrección. Tampoco del Espíritu Santo, de la Iglesia, de la comunión de los santos, del perdón de los pecados, de la resurrección, de la vida eterna, etc.

Sólo después de mucha insistencia, algunos le agregan algo más a lo que dijeron. Pero es rara la vez que alguien dice que cree en el Padre y en el Hijo y en el Espíritu Santo y que las principales verdades del cristianismo se encuentran en EL CREDO.

Es alarmante la ignorancia religiosa de muchos católicos, cosa que aprovechan las sectas para llevárselos por otros caminos.

Hay hombres en la mitad de la vida, que sorprendentemente no se saben persignar. No se saben el Padrenuestro. No conocen el Ave María, la Salve, EL CREDO, etc. Más aún. No se saben los Mandamientos de la Ley de Dios.

Aprendieron de su madre a persignarse y todas esas oraciones, pero tras hacer la primera Comunión, se abandonó el Catecismo y toda instrucción religiosa, se descuidó la oración y las prácticas religiosas, ocupados todos en los quehaceres cotidianos, quedándose Dios al margen de la familia, dando como resultado católicos poco o nada instruidos en la fe.

Es triste constatarlo, pero junto a muchos que saben muy bien explicar por qué militan en el catolicismo, hay una gran cantidad de católicos que no podrían hacerlo, por falta de preparación religiosa.

Se vive mucho un cristianismo irreflexivo, maquinal, automático, que nos hace más difícil el crecimiento espiritual sostenido; el fortalecimiento de una fe razonada, pensada, que nos permita percibir con nuestra mucha o mediana inteligencia, la contundencia, la riqueza, la verdad de su contenido y la imprescindible necesidad de poseerla, como un elemento indispensable para la vida.

Sería aberrante y profundamente decepcionante encontrar católicos que no se saben EL CREDO, tan aberrante y absurdo como no saber el himno nacional, que encierra en sus estrofas toda una declaración de amor a la patria y sus ideales. También EL CREDO encierra en sus doce artículos, las verdades eternas que constituyen la razón de nuestra fe.

¿Cómo apuntalar y sustentar un método de vida, que hemos de aplicar en todas las actividades de nuestra existencia, cuyos términos ignoramos casi en absoluto y por lo tanto desconocemos su importancia y trascendencia para nuestro destino final, que debiera ser la preocupación más importante para el hombre?

Si se les pregunta qué religión profesan, sin titubear dicen que Católica. Pero si muchos no conocen la doctrina, ni los lineamientos con que cariñosamente nuestro Dios alimenta su fe, y simplemente los hacen a un lado y no los practican en su vida diaria, ¿cómo pueden operar para que sus logros estén llenos de frutos espirituales? Pertenecen a la Iglesia porque por fortuna están bautizados, pero hasta allí.

Algunos responden en un arranque de sinceridad: Bueno. Soy católico pero no practico. Y eso, en resumidas cuentas, equivale a decir: *Soy, pero no soy.*

Esta es la razón que me alienta a escribir este trabajo, buscando divulgar las grandes verdades de nuestra fe. De darles a conocer su origen. Demostrar que no provienen del capricho de los hombres, que no son aseveraciones lanzadas al azar, sino que todo tiene sustento en la Palabra de Dios. Todo está en las Sagradas Escrituras, en donde el Espíritu Santo ha plasmado su sabiduría y su verdad.

El propósito en este trabajo será retroceder en el tiempo. Dos mil años atrás. Para ver cómo Jesucristo Nuestro Señor inició la predicación de la Buena Noticia

(Evangelio), cuya doctrina sirvió de fundamento para la redacción del CREDO, que es la declaración de principios de nuestra fe cristiana y en cuyos elementos históricos descubriremos la contundencia de sus afirmaciones, la razón inequívoca de nuestro camino a seguir en la vida, para finalmente encontrarnos en la casa del Nuestro Padre y Señor Nuestro, de quién recibimos la vida y en el que hemos puesto toda nuestra esperanza.

El autor.

Introducción

Todo país tiene establecido para su buena marcha, un conjunto de leyes fundamentales que rigen el funcionamiento de la organización política, social, jurídica y económica, llamada generalmente constitución, que en un estado ideal, encierra los anhelos y esperanzas legítimos de aquellos que viven en él.

Esas leyes, sus reglamentaciones y su ejercicio puntual a través de la fidelidad de los administradores de la justicia, garantizan las posibilidades de éxito del país y de cada uno de aquellos que viven dentro de él.

Pero además, la sola lectura de sus pronunciamientos dejan sentir con claridad sus tendencias, el rumbo hacia donde se dirigen, los fines que persiguen, así como la viabilidad de sus posibilidades.

Sin esas leyes y esas reglamentaciones, no se podría esperar ningún resultado concreto; pues las normas son las que cohesionan a los pueblos, condición indispensable para poder aspirar a obtener la realización plena de los ideales de su gente.

La simple buena voluntad de unos cuantos, sin el asentimiento y el consenso del pueblo, se difumina en medio de la indiferencia y de la falta de compromiso de muchos, que sólo se sientan a esperar lo que venga y acaba por no servir para nada.

Son los coordinadores de ese intento los que, conjuntando voluntades de toda la nación, amalgamando los esfuerzos de cada miembro de la comunidad y ordenándolos a través de principios, normas y procedimientos, pueden conquistar las metas establecidas.

De la misma manera, las empresas que valen la pena, porque no sólo aspiran al éxito económico sino a cumplir con una responsabilidad social y patriótica, antes de que los socios realicen sus aportaciones económicas para iniciar el negocio que se proponen, se sientan a discutir ampliamente los propósitos y las metas que darán razón de ser a la empresa.

Por lo tanto, redactan un código de principios que regirán sus actividades, las consagran por escrito ante Notario Público, formulan con ellos las "escrituras constitutivas" de la institución, y finalmente las firman conjuntamente en forma solemne, en señal de serio compromiso.

De esta manera dejan establecidos claramente los objetivos y los fines a los que serán dirigidos todos los esfuerzos de la empresa.

También las organizaciones sociales y políticas proceden de la misma manera. Establecen códigos de lealtad a una serie de valores humanos, que practicados con apertura, entusiasmo y responsabilidad, constituyen la estructura de las operaciones de la institución.

Por lo que toca a las asociaciones religiosas, fundan también sus actividades en principios morales, éticos y religiosos establecidos por sus fundadores, explicando sus doctrinas y teorías que proponen, en busca del convencimiento de las gentes.

Cabe aquí la necesidad y la importancia de evaluar, con mucha seriedad y objetividad, la credibilidad y asertividad de las ideas que cada uno esgrime, para evitar transitar por sendas equivocadas; ya que muchas ofertas se hacen con marcada malicia, tratando de descarrilar la vida de aquellos que se dejan deslumbrar por mentiras perversamente maquilladas, que hasta parecen verdad.

Concluyendo estos primeros comentarios, llegamos a la cuenta que toda organización, de cualquier índole de que se trate, necesita establecer principios, normas, metas, para trazar un camino claro y definido que conduzca a la consecución de los planes propuestos.

Así, cuando se inició el cristianismo, allá por el año treinta de nuestra era, nuestro Señor Jesucristo inició la predicación de la Buena Noticia que traía de su Padre, para la salvación de todos los hombres.

Más aún, desde su nacimiento en una cueva, en donde solían guarecerse los pastores y sus rebaños del cierzo invernal, tras haber deambulado por las estribaciones del desierto de Judea, desde allí, su primera lección nos habla de la humildad. Siendo Jesús verdadero Dios, decide manifestarse como verdadero hombre, no en un fastuoso palacio, en un mullido lecho, en medio de sedas, calor y comodidad; rodeado de servidores atentos a sus necesidades. Elige una fría cueva en las afueras de Belén, y allí, en el silencio de la noche, solos María y José, presencian absortos y admirados, el nacimiento del Hombre Dios. Como relata Lucas en 2,7: **"...María dio a luz a su hijo primogénito, lo envolvió en pañales y lo acostó en un pesebre, porque no había sitio para ellos en la posada..."**

Cuando se cumplió el plazo para la purificación prescrita por la Ley de Moisés, **"...llevaron al niño a Jerusalén para presentarlo al Señor..."** (Lc 2, 22) y ofrecieron en sacrificio, "un par de palomas", sacrificio establecido por la ley, para la gente más pobre. José y María eran pobres.

Nada de elegancias, nada de ostentaciones ni presunciones, todo humildad y pobreza. Lección que prevaleció durante toda la vida de Jesús, que vivió pobre, ganándose el sustento en el taller de su padre adoptivo, san José.

Todos sabemos la historia de que Jesús se manifestó, primeramente, a unos pastores que acampaban en las cercanías de la cueva, cuando un ángel les dio el mensaje en estos términos: **"...No teman, pues les anuncio una gran alegría, que lo será para ustedes y para todo el pueblo: Les ha nacido hoy en la ciudad de David, un Salvador, que es el Mesías, el Señor. Esto les servirá de señal: encontrarán un niño envuelto en pañales y acostado en un pesebre..."** (Lc 2, 10-11).

Los pastores fueron y constataron la verdad del mensaje y **"...regresaron glorificando y alabando a Dios por todo lo que habían visto y oído..."** (Lc 2, 20).

Después se manifestó a la gentilidad: los Reyes Magos, los cuales: **"...entraron en la casa, vieron al niño con su madre María y lo adoraron postrados en tierra..."** (Mt 2, 11).

Y más adelante dice Lucas en 2, 50-51, que pasados algunos años: **"...Bajó (Jesús) con ellos a Nazaret, donde vivió obedeciéndolos. Su madre conservaba cuidadosamente todos estos recuerdos en su corazón..."**

Tras treinta años de la llamada vida oculta de Jesús, nos platica Marcos en 1, 9-11: "...Por aquellos días llegó Jesús desde Nazaret de Galilea y fue bautizado por Juan en el Jordán. En cuanto salió del agua vio Juan abrirse los cielos y al Espíritu que bajaba sobre ÉL, (Jesús) como una paloma. Se oyó entonces una voz que venía del cielo: **"Tú eres mi Hijo amado, en ti me complazco..."**

Lucas nos relata en 4, 14: **"...Jesús, lleno de la fuerza del Espíritu, regresó a Galilea, y su fama se extendió**

por toda la región. Enseñaba en las sinagogas y todo el mundo hablaba bien de él. Llegó a Nazaret, donde se había criado. Según su costumbre, entró en la sinagoga un sábado y se levantó para hacer la lectura. Le entregaron el rollo del profeta Isaías y, al desenrollarlo, encontró el pasaje donde está escrito:

"...El espíritu del Señor está sobre mí, por lo cual me ha ungido, me ha enviado para evangelizar a los pobres, para predicar a los cautivos la liberación, y a los ciegos la curación, para dar la libertad a los oprimidos, para proclamar el año de gracia del Señor..."

Y dijo Jesús: **"...HOY SE HA CUMPLIDO ESTA ESCRITURA ANTE VUESTRA VISTA..."**

Y duró su predicación alrededor de tres años. Reclutó muchos discípulos, de entre los cuales eligió a Doce, a los que llamó Apóstoles. Obró prodigios increíbles, limpió a los leprosos, hizo ver a los ciegos y andar a los paralíticos, le dio la salud a innumerables enfermos, expulsó demonios, resucitó muertos, demostrando con todo esto su divinidad.

Dejó una doctrina maravillosa que conduce a la felicidad en esta vida y a la plenitud de ella en el cielo.

Pero esa doctrina no sólo fue para los hombres de aquellos días que tuvieron la dicha de escucharlo. Es una doctrina universal, para todos los hombres, de todos los tiempos, de todas las razas y países, y dejó expresa su voluntad al pronunciar su discurso de despedida en aquel Jueves de Ascensión en que subió al cielo y se sentó a la diestra de Dios Padre Todopoderoso.

Estando en un monte de Galilea, a donde había citado a sus apóstoles, Jesús les dirige estas palabras: (Mt 28, 18-20).

> **"...Me ha sido dado todo poder en el cielo y en la tierra. Id pues Y HACED DISCÍPULOS A TODAS LAS GENTES, bautizándolas en el nombre del Padre y del Hijo y del Espíritu Santo, ENSEÑÁNDOLES A GUARDAR TODO LO QUE OS HE MANDADO. Y sabed que yo estoy con vosotros todos los días hasta el fin del mundo..."** (Mt 28, 18-20).

Este pequeño discurso deberíamos saberlo de memoria todos los católicos, palabra por palabra, o al menos deberíamos conservar la esencia de las ideas, puesto que en ellas se encuentra contenida la misión que Cristo Jesús le confirió a la Iglesia Católica, antes de dejar este mundo.

Estas palabras le dan razón de ser a los millares de catedrales, basílicas, templos y capillas, donde se rinde culto a nuestro único Dios y Señor. Le da razón de ser a una jerarquía eclesiástica encargada de la celebración de los misterios de nuestra fe, quienes son encargados de la dirección y santificación de todos los miembros de la Iglesia, establecida por Nuestro Señor Jesucristo.

Nos cuenta san Lucas en Hechos 1, 8-11, que Jesús les dice a sus apóstoles: **"...recibiréis, sí, la virtud del Espíritu Santo que descenderá sobre vosotros, y me serviréis de testigos en Jerusalén, y en toda Judea, y Samaria, y hasta el cabo del mundo..." Dicho esto, se fue elevando a vista de ellos por los aires: hasta que una nube le encubrió a sus ojos. Y estando atentos a mirar cómo iba subiendo al cielo, he aquí que aparecieron cerca de ellos dos personajes con vestiduras blancas, los cuales dijeron: "Varones de Galilea, ¿qué estáis ahí parados mirando al cielo?, este Jesús, que separándose de vosotros ha subido al cielo, vendrá de la misma suerte que le acabáis de ver subir allá..."**

El Señor Jesús regresa al Padre, dejando establecida en la tierra su Iglesia con la misión de hacer discípulos a todos los hombres. No sólo a los hombres de aquellos tiempos, sino a ellos y a todos los que habrían de vivir en el devenir de los siglos. A los hombres de todo el mundo, de todos los tiempos, independientemente del color de la piel, de la nacionalidad. Hombres y mujeres.

Tras haber recibido al Espíritu Santo el día de Pentecostés, olvidados todos sus temores, llenos de entusiasmo y alegría, iniciaron la acción de la Iglesia con la predicación de Pedro, según nos lo relata Hechos de los Apóstoles 2, 14-36. Fue el inicio de una acometida que no cesa ni cesará, sino hasta el fin de los tiempos, cuando vuelva nuestro Señor Jesucristo a esta tierra, con toda su gloria y majestad, como está escrito que será.

"La Iglesia es a la vez visible y espiritual, sociedad jerárquica y Cuerpo Místico de Cristo. Es una, formada por un doble elemento humano y divino. Ahí está su Misterio que sólo la fe puede aceptar. (Cat. Católico 779).

Como toda sociedad, tiene sus principios y normas, basadas en la doctrina maravillosa e inmejorable que nos dejó su fundador. Tiene, como todas las instituciones, sus metas claramente definidas, fundamentadas en el plan eterno de Dios, reveladas por el Espíritu Santo a través de los profetas y posteriormente por nuestro Señor Jesucristo, (según dice san Pablo en Gálatas 4, 4: "**...llegada la plenitud de los tiempos...**"), de quien recibe la Iglesia la potestad de enseñar y transmitir su doctrina a todos los hombres, santificar a sus miembros, por medio del ministerio de la palabra y de los sacramentos, así como gobernarla con su autoridad y potestad sagrada, recibida del mismo Cristo Jesús.

La Iglesia tiene sus reglas, preceptos, normas que rigen su actividad como toda institución. Normas litúrgicas, jerárquicas, jurídicas, catálogo o lista oficial de los libros considerados como inspirados por Dios, de donde emanan las verdades fundamentales que debemos creer todos los que formamos parte de la Iglesia, etc.

Con estas verdades se han establecido síntesis de los principales fundamentos de la fe, llamados "símbolos" o "profesiones de fe", porque son, en resumen, las verdades que profesamos los que pertenecemos a la Iglesia y lo que nos caracteriza como católicos.

En los próximos capítulos daremos a nuestros lectores el origen de los primeros "símbolos" o "credos", que ponen de manifiesto las verdades que creemos en la Iglesia Católica. Veremos cómo se estructuraron; de dónde surgieron; quiénes los hicieron; cuándo; y cuáles son las bases doctrinales que se consideraron para su establecimiento.

Para esto recurriremos fundamentalmente a las Sagradas Escrituras, en donde el Espíritu Santo reveló el pensamiento de Dios a través de las plumas de los escritores sagrados. Recurriremos también a las apologías escritas por los Padres de la Iglesia, que tuvieron contacto con el Colegio Apostólico (los Doce Apóstoles), allá en los principios del cristianismo. Hurgaremos en las páginas de la Historia Eclesiástica, buscando en todo momento presentar información sencilla, que explique lo explicable, buscando que el lector adquiera conocimientos que fortalezcan su fe y su confianza en Dios.

Capítulo I

Los primeros *credos* de los cristianos

Jesucristo Nuestro Señor fue el que sentó las bases del CREDO cristiano. Su predicación fue su doctrina. Todo lo que quiso que nosotros los fieles supiéramos de su Padre, de ÉL y del Espíritu Santo, se encuentra en sus enseñanzas. Enseñanzas llenas de sabiduría y de verdad inobjetables. Pues ÉL mismo dijo: ***"...Yo soy el camino, la verdad y la vida. Nadie llega al Padre sino por mí..."*** (Jn 14, 6). De tal manera que practicar su doctrina es condición indispensable para conseguir nuestra salvación.

Por lo tanto, para hablar DEL CREDO que proclamamos los católicos, tendremos que remontarnos dos mil años atrás, cuando el Mesías, Hijo de Dios, nuestro Señor Jesucristo, vino a este mundo y "plantó su tienda entre nosotros"; y tras vivir 30 años en el ejemplar silencio de su casa en Nazaret de Galilea, en compañía de sus padres María y José, se manifestó a su pueblo, los judíos, anunciando una "buena noticia", el Evangelio, que Dios le encargó predicar a los hombres.

Por espacio de tres años caminó por los campos de la Palestina, pedregosos y desérticos aquí y allá, pero pródigos en fuentes de aguas cristalinas en otros parajes, que convertían sus tierras en perfumados vergeles y fértiles campiñas.

Visitó las ciudades y villorrios esparcidos a lo largo de su territorio, revelando los maravillosos misterios del amor de Dios para los hombres y su mensaje de salvación para la humanidad; dejando trazado un camino claro y seguro que nos llevará a Dios Padre, mediante la observancia fiel de su doctrina.

San Juan, en su evangelio, escribe esta declaración de Jesús:

> *"...Porque Dios amó al mundo de tal manera, que entregó a su Hijo Unigénito, para que TODO EL QUE CREE EN ÉL no perezca, sino que tenga vida eterna..."* (Jn 3, 16).

Y el apóstol san Pablo señala en Romanos 2, 13:

> *"...Que no son justos delante de Dios los que oyen la ley, SINO LOS QUE LA CUMPLEN; esos serán justificados..."*

Como sabemos, tras esos tres años de predicación de su Evangelio, los fariseos, saduceos y doctores de la ley, arrancaron de Pilatos el edicto de muerte contra Jesús que lo llevó a la muerte de cruz, sólo para que se manifestara su gloria al resucitar al tercer día, tal como lo había anunciado.

Su muerte y resurrección certificaron finalmente la verdad de su doctrina, dejándole a sus discípulos la tarea de continuar la predicación de su mensaje a todos los hombres, como quedó dicho arriba y que leemos en el Evangelio de Mateo 28, 18-20.

Sería muy tonto creer que la predicación del Evangelio de Jesús termina con su partida de este mundo hacia su Padre, el día de la Ascensión.

Sería un absurdo pensar que el mensaje de Dios Padre enviado a los hombres por medio de su Hijo Jesucristo, fuera exclusivamente para aquellos que tuvieron la fortuna de escucharlo hace dos mil años.

El texto donde se decreta la misión de los apóstoles, lo dice muy claro: *"...Id pues, y haced discípulos A TODAS LAS GENTES..."* (Mt 28, 19) y en Hechos de los Apóstoles 1, 8 leemos: *"...Recibiréis, sí, la virtud del Espíritu Santo que descenderá sobre vosotros, y me serviréis de testigos en Jerusalén, y en toda la Judea, y Samaria, y HASTA EL CABO DEL MUNDO..."*

Jesús ni escribió ni mandó que escribieran su doctrina. Sí ordenó que la divulgaran por medio de la predicación. Por muchos años corrió de boca en boca, de oído a oído y así la fueron recibiendo los judíos primero y los gentiles después, a partir de que los apóstoles recibieron al Espíritu Santo en Pentecostés.

Y notablemente fortalecidos por su influjo, con ardiente celo y valor inaudito, abrieron las puertas del lugar en que se escondían (se dice que fue en el cenáculo) por temor a la agresión de los judíos, e iniciaron la predicación del Evangelio.

Ese domingo de Pentecostés, san Pedro dirigió la palabra a la muchedumbre reunida en Jerusalén, procedente de las diferentes provincias de Palestina y de los países del mundo conocido, (Hechos 2, 1-11) que viajaban a esa ciudad para celebrar la importante fiesta judía de Pentecostés, la que tenía lugar a los cincuenta días después de la celebración de la Pascua.

El discurso de Pedro que nos relata san Lucas en Hechos 2, 14-36, lo leemos así:

> *"...Puesto Pedro de pie con los once, levantó la voz y dijo: 'Hombres de Judea y vosotros todos los que habitáis en Jerusalén, quede esto bien claro y escuchad mis palabras...' "*

Y Pedro expone algunas de las verdades fundamentales de nuestra fe, que vinieron a ser UN CREDO chiquito, ya que no contenían la totalidad de los dogmas de fe que nos caracterizan y diferencian a los cristianos de las demás creencias, puesto que son como un distintivo, una insignia que habla con claridad de aquello que creemos y que influye hondamente en nuestra manera de ser, de sentir y de vivir los acontecimientos de nuestra vida.

Veamos:

> *"...Hombres de Israel, oíd estas palabras: A JESÚS DE NAZARET, hombre ACREDITADO POR DIOS ante vosotros con milagros, prodigios y señales que por ÉL REALIZÓ DIOS entre vosotros, como bien sabéis: A ESTE JESÚS DEJADO A VUESTRO ARBITRIO POR UNA ORDEN EXPRESA DE LA VOLUNTAD DE DIOS,* (Mt 26, 54), *VOSOTROS LE HABÉIS HECHO MORIR CLAVÁNDOLO DE LA CRUZ POR MANOS DE LOS IMPÍOS, pero DIOS LO HA RESUCITADO* (Lc 24, 46), *librándolo de las ataduras de la muerte, siendo como era, imposible quedar ÉL preso por ella en tal lugar..."*

Y algo más adelante dice san Pedro:

> *"...ESTE JESÚS ES A QUIEN DIOS HA RESUCITADO, de lo que todos nosotros somos testigos. ELEVADO PUES AL CIELO, SENTADO A LA DERECHA DE DIOS y habiendo recibido de su Padre la promesa de ENVIAR AL ESPÍRITU SANTO, le ha derramado del modo que estáis viendo y oyendo..."*

Y termina diciendo:

> *"...Sepan, pues, con plena seguridad todos los israelitas, que DIOS HA CONSTITUIDO SEÑOR Y MESÍAS A ESTE JESÚS A QUIEN USTEDES CRUCIFICARON..."*

Hemos puesto en mayúsculas todas las palabras que tocan algunas de las verdades fundamentales de nuestra fe y que basta con recorrer las páginas de los evangelios para encontrar esos mismos conceptos, igualmente claros, que los expresados por san Pedro en el discurso inaugural de la predicación del Evangelio.

Pedro no inventa. No imagina. No trastoca. Relata hechos reales que deben ser divulgados a todos los hombres, de todos los países, de todos los tiempos, hasta la segunda venida de nuestro Señor Jesucristo.

Esa es la misión que han recibido del mismo Señor, aquel día de su Ascensión al cielo.

Y predicar el evangelio significa informar a las gentes la verdad precisa de los sucesos acaecidos.

No sin razón el papa Juan Pablo II de memorable recuerdo, hizo una fervorosa oración ante la imagen de Nuestra Señora de La Aparecida, patrona de Brasil, a la que coronó en su visita realizada en 1980, en la ciudad de Belén de Pará:

> "...Oh virgen Santa María, escondida y callada entre la multitud, que solamente rompiste tu silencio para decir: 'Haced lo que Jesús os diga', ayúdales a todos los evangelizadores a enseñar siempre, NO LO QUE A CADA UNO SE LE OCURRE, sino lo que Cristo dice..."

Las palabras de Pedro son un CREDO chiquito, que no contiene toda la doctrina de Jesús, pero que menciona la verdad central que profesamos: La muerte, resurrección y ascensión al cielo de Jesús, nuestro Señor, el Cristo de Dios.

Por algo decía san Pablo en 1Co 15, 14: *"...Mas si Cristo no resucitó, luego vana es nuestra predicación, y vana es también nuestra fe..."*

Así empezó la predicación del Evangelio en el año 33 de nuestra era, en una acometida incesante, tenaz, decidida; no obstante la hostilidad judía y el odio de los paganos. A pesar de que en sus primeros trescientos años de vida quisieron ahogarla en sangre algunos tiranos como Herodes Agripa, el primero, siguiéndolo los romanos Nerón, Domiciano, Trajano, Adriano, Antonio Pío, Marco Aurelio, Decio, Diocleciano y muchos más, hasta el advenimiento de Constantino, quien en unión de Galerio, y Licinio, firman el edicto de tolerancia el 30 de abril del año 311 dC.

Otro CREDO chiquito es el que Pedro, inspirado por el Espíritu Santo, proclama ante el Sanedrín que lo interroga para saber en virtud de quién había curado a un cojo, y dice: *"...declaramos a todos vosotros, y a todo el pueblo de Israel, que la curación se ha hecho en nombre de NUESTRO SEÑOR JESUCRISTO A QUIEN VOSOTROS CRUCIFICASTEIS, Y DIOS HA RESUCITADO. En virtud de tal nombre se presenta sano ese hombre ante vuestros ojos..."*

San Pablo también pregonaba CREDOS chiquitos en sus predicaciones, como la realizada a través de su carta a los Romanos 1, 19-21: *"...No tienen excusa los gentiles, puesto que ellos han conocido claramente lo que se puede conocer de Dios. Porque Dios se lo ha manifestado. En efecto, LAS PERFECCIONES INVISIBLES DE DIOS, AUN SU ETERNO PODER Y SU DIVINIDAD, SE HAN HECHO VISIBLES DESPUÉS DE LA CREACIÓN DEL MUNDO, POR EL CONOCIMIENTO QUE DE ELLAS NOS DAN SUS CREATURAS: y así, tales hombres no tienen disculpa. Porque habiendo conocido a Dios, no le glorificaron como a Dios, ni le dieron gracias, sino que devanearon en sus discursos y quedó su insensato corazón lleno de tinieblas..."*

Uno de los muchos CREDOS chiquitos de Pablo podía ser éste, que leemos en 1Co 11, 23-24: *"...Porque yo aprendí del Señor lo que también os tengo enseñado, y es que EL SEÑOR JESÚS LA NOCHE MISMA EN QUE HABÍA DE SER TRAIDORAMENTE ENTREGADO, TOMÓ EL PAN, Y DANDO GRACIAS LO PARTIÓ, Y DIJO: TOMAD Y COMED: ESTE ES MI CUERPO QUE POR VOSOTROS SERÁ ENTREGADO: HACED ESTO EN MEMORIA MÍA. Y de la misma manera el cáliz después de haber cenado diciendo: ESTE CÁLIZ ES EL NUEVO TESTAMENTO CON MI SANGRE: HACED ESTO CUANTAS VECES LO BEBIEREIS EN MEMORIA MÍA, PUES TODAS LAS VECES QUE COMIEREIS ESTE PAN, Y BEBIEREIS ESTE CALIZ, ANUNCIAREIS LA MUERTE DEL SEÑOR HASTA QUE VENGA..."*

El diácono Esteban, antes de morir apedreado por los judíos, por causa del Evangelio, hace una larga predicación. Les habla a sus captores de los orígenes del pueblo de Israel, comenzando por Abraham, Isaac, Jacob, José, Moisés, quien formuló la profecía del Mesías con estas palabras: *"...DIOS OS SUSCITARÁ DE ENTRE VUESTOS*

HERMANOS UN PROFETA, COMO ME HA SUSCITADO A MÍ, A ESTE DEBEIS OBEDECER..." Hechos 7, 2-53)

Antes de ser arrojado de la ciudad para matarlo dijo Esteban: *"...Estoy viendo ahora LOS CIELOS ABIERTOS Y AL HIJO DEL HOMBRE SENTADO A LA DIESTRA DE DIOS..."*

Fue una predicación larga, aunque sigue siendo un CREDO chiquito, porque no encierra todas las principales verdades eternas de nuestra fe.

Y el Nuevo Testamento está lleno de estos CREDOS chiquitos, pues la predicación se daba en diversas localidades, en distintas circunstancias y a diferentes públicos, por lo que cada vez tendría que ser un mensaje apropiado a cada evento y anunciando algunos y no todos los dogmas de nuestra fe. No hay que olvidar que la educación cristiana es un proceso que a veces toma toda la vida y ni así se alcanzan a comprender las profundidades de los misterios de Dios, pues aun en nuestro lecho de muerte continuamos aprendiendo.

Pero continuemos ahondando en la integración de nuestros "Símbolos" o Credos.

Capítulo II

La Iglesia planea la predicación

Es innecesario decir que los apóstoles, ante el compromiso de planear convenientemente la predicación del Evangelio que nuestro Señor Jesucristo les había encomendado, debieron haberse sentado a deliberar la manera de hacerlo.

Sintieron, seguramente, la necesidad de organizar la comunidad de los cristianos y la llaman Iglesia, que significa "Asamblea oficial del pueblo de Dios".

Nos dice la teología: "La Iglesia es una sociedad visible fundada por nuestro Señor Jesucristo, para continuar por medio de ella, la obra de salvación de los hombres".

La dirección quedó a cargo de LOS DOCE (los apóstoles), encabezados por san Pedro, quien desde tiempo atrás se mostraba líder del grupo según se aprecia en las intervenciones que relatan de él los Evangelios, reafirmada por la declaración del mismo Cristo Jesús, que le dice: "...Por lo tanto yo te digo: tú eres Pedro y sobre esta piedra edificaré mi Iglesia..." (Mt 16, 18) y en otro texto en Juan 21, 15-17, le repite en tres ocasiones: "...Apacienta a mis ovejas...", que no es otra cosa que darle el encargo de conducir a la grey cristiana.

Seguramente la pregunta que se hicieron fue: ¿Qué tenemos que enseñar? Sin duda y sin discusión alguna, la respuesta fue: La doctrina de Jesús, Hijo de Dios. Su vida, sus hechos, sus portentosos milagros que lo acreditaban como enviado del Padre. Sus enseñanzas santificadoras de la vida humana. Su doctrina de moral profunda, conductora indiscutible y segura para la salvación eterna.

En ese tiempo, las Sagradas Escrituras estaban constituidas solamente por el Antiguo Testamento. Recordemos que el Nuevo Testamento narra hechos a partir del anuncio del advenimiento de nuestro Señor Jesucristo, su vida y su obra.

El Antiguo Testamento estaba basado en el texto griego llamado de "Los Setenta", cuya recopilación se inició por rabinos judíos después del exilio, ocurrido tras la invasión de los babilonios, la destrucción del Templo y de la ciudad de Jerusalén, acaecido en el siglo VI aC.

Posteriormente, en el siglo V aC, el escriba Esdras continuó con la tarea, así como con los trabajos de restauración de la comunidad judía.

Este trabajo se reactivó al final del siglo II aC, conociéndose a ese conjunto de Escritos Sagrados, con el nombre de: "Códice Alejandrino" o "Versión Griega de los Setenta".

El Nuevo Testamento no se había escrito todavía. Ni siquiera se había iniciado. La predicación del Evangelio comenzó, como quedó dicho, en el año 30 dC directamente por boca del Señor Jesús y, a partir de la fiesta de Pentecostés en el año 33 dC, por boca de LOS DOCE, quienes se lanzaron a la titánica tarea de evangelizar al mundo.

No había en un principio nada escrito sobre las enseñanzas de Jesús. Pero perduraba el recuerdo imborrable de su maravillosa doctrina y de los acontecimientos vividos con ÉL, en el curso de esos tres años sorprendentes y admirables.

Seguramente sintieron la necesidad de reseñar por escrito todas aquellas memorias, y así lo hicieron.

Circulaban entre todos los predicadores de la Palabra aquellas notas que constituían testimonios verídicos y fidedignos de Jesús y de su obra. Escritos de puño y letra de los apóstoles de Jesús, testigos directos e inobjetables de los sucesos.

Podría decirse que eran, de alguna manera, los manuales primitivos de la predicación del Evangelio.

Llamaron a estas notas escritas, copiadas y distribuidas entre todos los predicadores de la Palabra: "Memorias de los Apóstoles".

Y estas "memorias" no eran otra cosa que la predicación de CREDOS chiquitos, que daban a conocer a los judíos, las revelaciones que nuestro Señor Jesucristo había dejado como enseñanza.

Mediante la divulgación de estos CREDOS chiquitos, los catecúmenos iban aprendiendo a lo largo de muchas sesiones y pláticas, hasta llegar a conocer gran parte de nuestros dogmas de fe, para finalmente ser bautizados.

Se pregonaban las revelaciones que Cristo Jesús había hecho en el Templo de Jerusalén, en las sinagogas judías, en los montes y llanuras de Palestina. En las costas del Lago de Genesaret, sentado en las barcas de pesca de sus discípulos. En las plazas, en las calles de las ciudades y villorrios esparcidos por el territorio.

De esas predicaciones de Jesús se seleccionaron las verdades fundamentales de nuestra fe, que constituyeron finalmente el CREDO OFICIAL que proclamamos en la actualidad en las misas dominicales a las que asistimos. Verdades que encontramos en el llamado Catecismo Católico, que estudiamos desde niños, instruyéndonos para poder sustentar nuestra condición de hijos de Dios, alentándonos a vivir la moral y virtudes que nos mostró Jesús con el ejemplo magistral de su vida, y que nos invita a *"ser perfectos, como su Padre es perfecto".*

Capítulo III

¿Cómo se llegó a establecer el texto del credo?

La comunidad cristiana de Jerusalén se estableció cuando, siguiendo el mandato de Jesús, los apóstoles y algunos discípulos del Maestro, juntamente con María, la Madre de Jesús (Hch 1, 14) se reunieron para esperar el cumplimiento de la promesa que les había hecho el Señor, de enviarles el Espíritu Santo.

Una vez que este hecho se realizó el día de Pentecostés, se inició la predicación del Evangelio.

El libro de los Hechos de los Apóstoles nos hace saber en el capítulo 2, 41, la conversión de tres mil gentes, tras el primer discurso de Pedro y de otros cinco mil pocos días después, (Hch 4, 4) cuando Pedro se dirigió al pueblo por segunda vez.

Así nació la primera comunidad cristiana, cuyo ánimo retrata Lucas en Hechos 4, 32: *"...Toda la multitud de fieles tenía un mismo corazón y una misma alma y nadie consideraba como suyo lo que poseía, sino que tenían todas las cosas en común..."*

Aunque los discípulos de Jesús continuaban participando en la vida colectiva del pueblo de Israel, se apartaron de la sinagoga; sin embargo, continuaron observando la Ley Mosaica y tomaban parte en las ceremonias del Templo, pero al mismo tiempo adquirían la conciencia de pertenecer a una comunidad nueva, muy particular.

La nueva visión de la vida que les daba la doctrina de Jesús, los unía a todos en su amor, alimentando una vida fraternal sin egoísmos y llena de esperanza.

Pero, había que establecer un código de las verdades de fe más importantes enseñadas por Jesús, que fueran el faro que guiara sus pasos al desarrollo de una nueva vida, cuyo destino final era estar con Jesús por siempre en el cielo.

Para esto, se juntaron LOS DOCE y formularon el ahora llamado Símbolo de los Apóstoles, que no es otra cosa que el PRIMER CREDO OFICIAL de la Iglesia Católica.

Ese CREDO está dividido en doce "artículos", que facilitan su estudio y comprensión.

Una vieja tradición y la creencia de algunos Padres de la Iglesia, es que cada uno de los Apóstoles formuló uno de los doce "artículos".

Haya sido así o no, lo cierto es que juntos escogieron, de entre los dulces recuerdos de las enseñanzas de Jesús, su Maestro, las ideas fundamentales que habían de configurar la fe de los creyentes seguidores de Jesús de Nazaret.

La Iglesia, encabezada por LOS DOCE, recogió esas verdades esenciales y redactó el símbolo de fe que profesamos los cristianos y que ha servido de base fundamental en la catequesis. La misma que aprendimos de nuestros padres y de los catequistas en nuestra parroquia y que ha servido para instruir al pueblo por cientos de años:

SÍMBOLO DE LOS APÓSTOLES

Creo en Dios,
Padre Todopoderoso,
Creador del cielo y de la tierra.

Creo en Jesucristo, su único Hijo,
Nuestro Señor,
que fue concebido por obra y
gracia del Espíritu Santo,
nació de Santa María Virgen,
padeció bajo el poder de Poncio Pilato,
fue crucificado, muerto y sepultado,
descendió a los infiernos,
al tercer día resucitó de entre los muertos,
subió a los cielos y está sentado
a la derecha de Dios Padre Todopoderoso.
Desde allí ha de venir a juzgar
a vivos y muertos.

Creo en el Espíritu Santo,
la Santa Iglesia Católica,
la comunión de los santos,
el perdón de los pecados,
la resurrección de la carne
y la vida eterna.
AMÉN.

Este CREDO no contiene todas las verdades de fe reveladas, sino las principales, pero cuando decimos "creo en la Iglesia Católica", estamos aceptando tácitamente todas las enseñanzas que ella predica.

EL CREDO o Símbolo de los Apóstoles, viene a ser un Evangelio abreviado o resumen de las verdades de fe que los apóstoles convinieron en predicar a los pueblos de la tierra, antes de separarse, para llevar la "buena noticia" a todo el mundo.

EL CREDO comienza con la palabra CREO que significa: confieso y admito con absoluta certeza las verdades de este "símbolo".

Así se anunció y se confesó en todos los grupos cristianos que se iban estableciendo, sustentando todos, los mismos principios y confesando todos la misma fe.

Hubo un momento en que tuvieron que separarse. La disposición de Jesús a LOS DOCE fue: *"...Me serviréis de testigos en Jerusalén, y en toda la Judea, y Samaria, y hasta TODOS LOS CONFINES DEL MUNDO..."* (Hch 1, 8)

Por otra parte, la hostilidad contra la naciente Iglesia crecía día a día. Pedro y Juan habían sido llevados ante el Sanedrín, después de haber permanecido en la cárcel desde el día anterior. Y allí fueron amonestados severamente a que por ningún motivo hablaran de Jesús ni predicaran sus enseñanzas.

Pero la persecución siguió. Días después todos los apóstoles fueron igualmente encarcelados, pero fueron liberados por un ángel del Señor, con la orden de ir a predicar al Templo.

Y así lo hicieron, siendo llevados por los guardias esta vez, ante el Sumo Sacerdote, quien los acusó de haber llenado a Jerusalén de su doctrina, no obstante que ya habían sido amonestados para que no lo hicieran.

Enfurecidos por los argumentos de defensa presentados por Pedro, trataron de matarlos, pero Gamaliel, un fariseo del concilio, muy respetado, aconsejó dejarlos libres con este argumento: *"...Si lo que ellos se proponen hacer es cosa de hombres, desaparecerá; pero si procede de Dios, ustedes no podrán destruirlo. No corran el riesgo de luchar contra Dios..."* Y los liberaron (Hch 5, 38-39).

Y el CREDO, Símbolo de los Apóstoles, continuó siendo enseñado a todos los pobladores de Jerusalén.

Nos dice Hechos en el capítulo 6, 7 que: *"...Entre tanto la palabra de Dios, iba fructificando, y multiplicándose sobremanera el número de los discípulos en Jerusalén; y sujetábanse también a la fe muchos de los sacerdotes..."*

Pero luego fue el diácono Esteban el que fue aprehendido y finalmente muerto a pedradas. (Hch 6, 8-15 y 7, 1-59).

Como arreciara la persecución, los discípulos se dispersaron por varios distritos de Judea y Samaria, mientras LOS DOCE se quedaban en Jerusalén.

La doctrina de Jesús salió a buscar los caminos del mundo y su CREDO, divulgado entre los hombres, se memorizaba y se repetía para grabarlo en el corazón con el mismo fervor con el que le pedía Yahvé al pueblo de Israel en el desierto, que conservara y atendiera sus palabras, cuando decía: "...Grabad estas palabras mías en vuestros corazones, y en vuestras almas, y traedlas atadas para memoria en vuestras manos y pendientes sobre la frente entre vuestros ojos. Enseñad a vuestros hijos a meditarlas, ora estés, ¡oh, Israel! sentado en casa o andando en camino, y al acostarse y al levantarse..."

¡Cómo convendría reflexionar este texto que nos viene muy bien a nosotros, que somos el nuevo pueblo escogido de Dios!

Ojalá que cada vez que repitiéramos EL CREDO, lo hiciéramos reverentemente y con profunda vocación;

puesto que es la plataforma de nuestra fe; el código de honor ante nuestro Dios que ostentamos con santo orgullo y proclamamos no sólo con palabras, sino con todo nuestro ser, tratando siempre que lo que decimos y lo que hacemos en nuestra vida, corresponda a lo que nuestro Dios y Señor nos pide y que fervorosamente le ofrecemos como prueba veraz de nuestro amor y respeto.

Una segunda persecución se levantó contra la Iglesia de Jerusalén. Herodes Agripa mandó degollar al apóstol Santiago, llamado el Mayor, que era hermano del apóstol Juan, el discípulo amado de Jesús.

Capítulo IV

Expansión del cristianismo fuera de Jerusalén

Habiendo ya predicado en Jerusalén, se imponía la necesidad de salir al mundo por todos los caminos, en busca de todos los hombres, para llevarles el Evangelio anunciado por Jesús, el Mesías.

Y en esos días, perseguidos ferozmente por los judíos incrédulos, por el fanatismo de los fariseos y saduceos, encabezados por el Sanedrín, había que apresurarse para no caer en sus manos a fin de dar cumplimiento a la misión que el Señor Jesús les había encomendado el día de su gloriosa ascensión al cielo.

El principal foco de expansión del cristianismo, fuera de Palestina, fue el país de Siria. Si bien Jerusalén era la Iglesia Madre, una comunidad cristiana importantísima, producto de esa expansión, fue Antioquía, la cual tuvo un desarrollo notable en la fe de sus pobladores.

Era ésta una ciudad cosmopolita, situada a cuatrocientos ochenta kilómetros al norte de Jerusalén, y que tenía al mar Mediterráneo a veintiséis kilómetros al occidente.

Antioquía era una ciudad griega, pagana, habitada por muchos judíos inmigrados, con un celo exagerado por conseguir seguidores para su religión.

Fundada en el año 301 aC por Seleuco I (Nicator), uno de los generales más importantes del ejército de Alejandro el Grande, llegó a ser una ciudad próspera y floreciente, calculada en 500,000 habitantes, de gran vitalidad comercial, pues era un importante enclave de rutas de caravanas, que la llevaron a la prosperidad.

Y si fue notable por eso, también trascendió la fama de ser el centro más importante de la Iglesia, después de Jerusalén, donde el mensaje cristiano fue bien acogido por el pueblo que vivía bajo la influencia de la cultura griega.

Se dice que en esta ciudad se empezó a llamar cristianos a los seguidores de Jesús de Nazaret y que fue allí en donde se empezó a evangelizar a los paganos (Hch 11, 20-21)

Se puede decir que Antioquía fue el centro de irradiación del cristianismo por todo el occidente.

Otra ciudad importante en este aspecto fue Damasco, de la misma Siria. Allí también nació otra floreciente comunidad cristiana, y la fe se fue extendiendo por muchas otras partes, en las que se formaban nuevas comunidades de creyentes a la luz de la Palabra de Dios, especialmente cuando san Pablo, acompañado alternativamente por Bernabé, Juan Marcos, Silas, Timoteo, Lucas, Aquila, Priscila y otros, emprendió sus asombrosos e increíbles cuatro viajes, que imprimieron un auge sorprendente al crecimiento de la Iglesia Católica.

El Asia Menor, Chipre, Macedonia, Grecia, Creta, Roma y hasta España, escucharon las enseñanzas del Evangelio, y EL CREDO era proclamado y sustentado con sus vidas por millares y millares de nuevos seguidores de Jesús.

En todos esos lugares florecieron las virtudes evangélicas que los incansables predicadores de la Palabra proclamaron, y esa Palabra era aceptada no sólo por los judíos, sino por los paganos.

Éfeso, Esmirna, Pérgamo, Teatira, Sardis, Filadelfia, Colosas, Galacia, Laodicea, Filipos, Tesalónica, Corinto, etc., proclamaban el Símbolo de los Apóstoles, y ensanchaban los horizontes para la difusión del Evangelio.

En la lectura de las hermosas epístolas (cartas) de san Pablo, encontramos los nombres de estas ciudades, en donde se fundaron nuevas comunidades cristianas. Estas cartas alentaban a sus miembros a vivir en la unidad con Cristo Jesús. A vivir con intensidad y celo sus bellas enseñanzas.

Pablo vigilaba la pureza de la fe, corrigiendo con determinación y severidad los desvíos que observaba y alertándolos contra los falsos profetas que buscaban afanosamente la destrucción de las iglesias fundadas con grandes sacrificios por los apóstoles del Señor Jesús. Pero siempre mostraba en sus cartas su inmenso amor por las comunidades. Leemos en su epístola a los filipenses en 1, 8: *"...Dios es testigo de que a todos ustedes los quiero entrañablemente en Cristo Jesús..."*

De esta forma se fue esparciendo por el mundo la "buena noticia" de Dios. Así llegó el SÍMBOLO DE LOS APÓSTOLES, EL CREDO, al corazón de miles y miles de pobladores del mundo conocido en aquellos tiempos, extendiéndose a lo largo de los siglos por todos los países del mundo contemporáneo, aunque aún queda mucho por hacer.

Había que admirar a toda aquella gente que escuchaba por primera vez la Palabra de Dios y la aceptaba con gran gozo. Admirarla, porque no es fácil abandonar en un instante las convicciones por largo tiempo arraigadas en el corazón, para adoptar una fe distinta, aunque sí, llena de encantadoras revelaciones.

Admirarlos además, porque en esos tiempos turbulentos, para ser testigo de la fe era preciso jugarse la vida. Creer en Jesucristo los podría llevar a enfrentar la muerte en la cruz, en las fauces de las fieras, en la hoguera o a filo de espada. Sin embargo, esto no los arredraba. Muchos miles de ellos caminaron gozosos al martirio.

Siempre será muy estimulante leer la vida de los grandes hombres, mujeres y adolescentes, que proclamaron con su muerte la fe en Jesucristo.

LOS DOCE, todos sufrieron el martirio por causa del Evangelio. Sólo el apóstol Juan se salvó milagrosamente de la muerte y fue mandado al exilio a la isla de Patmos, de donde salió para vivir en Éfeso, en donde murió en el año 100 a los 94 años.

De la enorme cantidad de martirios que se originaron por las crueles persecuciones que afligieron a los cristianos de Asia, en los tiempos de la Iglesia primitiva, me llama particularmente la atención el sacrificio de la vida de san Policarpo, obispo de Esmirna, ciudad marítima del Asia Menor en el año 167 dC.

San Ireneo, obispo de Lyon, uno de los Padres de la Iglesia de los primeros siglos del cristianismo, que nació en Asia Menor el año 140 dC, escribió sobre san Policarpo en el "Tercer Libro sobre las Herejías" lo siguiente:

"...Y Policarpo, no sólo fue discípulo de los apóstoles y vivió junto con muchos que habían visto al Señor, sino que incluso recibió la ordenación episcopal del apóstol san Juan, como obispo de Asia, en la Iglesia de Esmirna. Y nosotros (Ireneo) le hemos visto en nuestra juventud, pues vivió largo tiempo y partió

de esta vida muy anciano, habiendo rendido un testimonio glorioso y muy distinguido. Siempre enseñaba lo que aprendió de los apóstoles, que es también lo que enseña la Iglesia, que es la sola verdad..."

En el año 167 dC ya no vivía ninguno de LOS DOCE apóstoles, sin embargo quedaban algunos discípulos de ellos, de quienes aprendieron directamente las verdades de nuestra fe cristiana.

Pero hay que destacar que san Ireneo, uno de los Padres de la Iglesia, puso mucho empeño en visitar uno a uno a todos los discípulos de los apóstoles que aún vivían y sobre todo conversó y trató durante mucho tiempo a san Policarpo, receptor directo de las enseñanzas evangélicas de boca del apóstol san Juan. ¡Contacto total con la era apostólica!

San Ireneo escribió cuidadosamente todo lo que oyó de ellos, prestando con ello un gran servicio a la Iglesia, pues la doctrina del cristianismo no sólo está contenida en la palabra escrita de la Sagrada Escritura, sino también en las enseñanzas orales y en la predicación de los apóstoles.

Recordemos lo que dice el apóstol san Pablo en su segunda carta a los tesalonicenses en 2, 15: *"...Así que hermanos míos, estad firmes, y mantened las tradiciones que habéis aprendido, ora por medio de la predicación, ora por carta nuestra..."*

También leemos en la segunda carta del apóstol san Pablo a Timoteo en 2, 2: *"...y las cosas que de mi has oído delante de muchos testigos, confíalas a hombres fieles, que sean idóneos para enseñarlas también a otros..."*

En aquellos días, los cristianos de Esmirna redactaron un escrito para constancia de hechos, que fue dirigido a las asambleas de Ponto, describiendo el martirio de san Policarpo, escrito que tuvo en sus manos Eusebio de Cesárea, y que incluye en su "Historia Eclesiástica".

Cuando era emperador romano Marco Aurelio Vero, decidido perseguidor de la Iglesia, decretó la captura del obispo Policarpo para matarlo, azuzado por la chusma idólatra.

Al enterarse el santo de esa circunstancia, guardaba la calma y quería permanecer en la ciudad a pesar de la amenaza de captura que pesaba sobre su cabeza. Pero la gente que lo quería lo convenció de esconderse en una casa no muy alejada de allí, en donde permaneció un tiempo dedicado a la oración, implorando la paz para la Iglesia.

Finalmente fue capturado. Era Policarpo un hombre de 88 años.

Sería prolijo detallar todo el proceso de su martirio, pero al menos nos referiremos a los puntos más importantes:

Trataron de convencerlo mientras lo conducían al anfiteatro en un carro diciéndole: "¿Qué hay de malo en decir ¡César es **Señor**!, y hacer sacrificios a los dioses? Así puedes salvar la vida".

Para entender las pretensiones de aquellos asesinos, veamos lo que nos dice el Catecismo de la Iglesia Católica:

"En la traducción griega de los libros del Antiguo Testamento, el nombre inefable con el cual Dios se reveló a Moisés: YHWH (Ex 3, 14), **es traducido por "Kyrios" ("Señor"). Señor se convierte desde entonces en el nombre más habitual para designar la divinidad misma del Dios de Israel. El Nuevo Testamento utiliza en este sentido fuerte el título de "Señor" para el Padre, pero lo emplea también, y aquí está la novedad, para Jesús reconociéndolo como Dios** (1Co 2, 8).

Simplemente estos malvados querían que Policarpo aceptara la aberración de que el César era dios.

San Policarpo respondió a esas insistencias: "¡No voy a hacer lo que me aconsejan!"

Cuando llegaron al estadio, el juez le dijo: "Sé un poco razonable. Piensa en tus canas. Maldice al Crucificado y podrás tener una muerte tranquila y serena".

El obispo respondió con serenidad: "Durante ochenta y ocho años he servido fielmente al Crucificado y jamás me dio ÉL motivo de queja. ¿Por qué voy a blasfemar de mi Señor y Salvador?"

El juez le dijo: "Al menos confiesa que el emperador romano es dios y que se le deben tributar honores divinos, incienso y alabanza".

A esto contestó el santo valientemente: "Estás obrando como si no supieras quien soy, pues escúchalo ante todo el pueblo: ¡Yo soy cristiano!

Esta vez el juez lo amenaza diciendo: "Tengo fieras salvajes, leones y tigres".

La respuesta fue: "Suéltalos pues".

"Puedo también arrojarte a la hoguera", gritó el juez enfurecido.

Policarpo respondió con firmeza: "pues hazlo".

La chusma enardecida pidió para el obispo la hoguera.

San Eusebio, obispo de Cesárea, autor de la "Historia Eclesiástica", describe estos hechos así en su Libro IV, del 33 al 39: y dice que las palabras póstumas de Policarpo antes de enfrentar la hoguera, fueron las siguientes:

"Padre celestial, que gracias a tu amado y bendito Hijo Jesucristo alcanzamos el conocimiento de Ti, Dios de los ángeles, de las potestades, de toda la Creación y de toda la familia de los justos que viven ante Ti; te alabo porque me has tenido por digno de este día y esta hora, con el fin de participar en el número de los mártires y en el cáliz de tu Cristo para la resurrección de vida eterna, de la que participará el alma y también el cuerpo, hecho incorruptible por la virtud del Espíritu Santo; sea yo recibido hoy en tu presencia y la de ellos en un sacrificio deseable y grato, del modo que Tú lo dispusiste de antemano". (En un sueño se le había revelado a san Policarpo la forma de su muerte).

"Lo revelaste anticipadamente y lo llevas a cabo, ¡oh Dios verdadero y veraz! Por eso y por todas las cosas te alabo y te bendigo y te glorifico a través del eterno sumo sacerdote Jesucristo, tu amado hijo, por quien sea a TI con ÉL y con el Espíritu Santo la gloria ahora y en los siglos venideros. Amén".

"Finalizada esta oración, los que se encargaban del fuego lo encendieron, pero se formó una enorme llama, y aquellos a quienes se concedió verlo con el fin de poder relatar a otros lo sucedido, presenciamos un verdadero milagro".

"El fuego, haciendo como una bóveda semejante a la vela de una nave henchida por el viento, rodeó como un muro el cuerpo del mártir que estaba en medio, y se le veía no como carne que se quema, sino como oro y plata candente en un horno, y nosotros notábamos un olor comparable al que despide el incienso o cualquier otro perfume precioso".

"Finalmente, dándose cuenta estos criminales que no se podía reducir el cuerpo con el fuego, mandaron al rematador que viniera a clavarle la espada".

"Una vez llevado a cabo esto, salió tal chorro de sangre, que apagó el fuego y dejó pasmada a toda la muchedumbre, que de este modo veía la diferencia entre los impíos y los escogidos. Uno de los escogidos fue este varón, admirable en extremo, maestro apostólico y profético en nuestros días, así como obispo en Esmirna de la Iglesia universal. Porque toda la palabra que salió de su boca se ha cumplido y se cumplirá".

¡Esta fue una aclamación gloriosa y estremecedora de fe! Fue un CREDO proclamado no sólo con palabras, sino con la propia vida. Derramando su sangre, como lo hiciera el Señor Jesús en la Cruz.

Y así proclamaron el CREDO miles y miles, en la arena de los circos, en los millares de cruces en las que fueron clavados, ante el silbido espantoso de los sables al hender los aires para caer cercenando cabezas o simplemente callados, mordiéndose las lágrimas en la oscuridad de los fríos y húmedos calabozos, atosigados por el hambre y la sed, con las espaldas ensangrentadas por el látigo y el escozor insoportable de las heridas.

Así viajó el "SÍMBOLO DE LOS APÓSTOLES", de ciudad en ciudad, de poblado en poblado, recorriendo valles y cañadas, navegando por los mares, llevado apasionada y valerosamente por los apóstoles a todos los confines del mundo, de acuerdo con el plan de Dios.

Capítulo V

Los enemigos del credo

Llevar el Evangelio a todas las naciones no ha sido una tarea fácil. Se ha tenido que enfrentar a las persecuciones, a la oposición, a los intereses políticos y económicos establecidos. Pero ya se los había advertido el Señor Jesús a sus apóstoles, cuando los envió de dos en dos a iniciarse en la predicación:

> *"...Yo los envío como ovejas en medio de lobos... Guardaos de los hombres; porque os entregarán a los tribunales y los azotarán en las sinagogas..."* (Mt 10, 16-17).
> *"Entonces os entregarán a los tormentos y os matarán y por mí seréis odiados de todos los pueblos..."* (Mt 24, 9).

Sin embargo, los apóstoles no se atemorizaron, sino que valientemente se lanzaron a la tarea sublime de conquistar el mundo para Cristo.

Pero no sólo fueron las persecuciones, las cárceles, los azotes y la muerte los enemigos a vencer. También en el terreno ideológico se libraron grandes batallas cuando aparecieron los falsos profetas de los que también había hablado nuestro Señor Jesucristo, los cuales estaban empeñados en echar por tierra los principios plasmados en EL CREDO de los apóstoles y emanados de la doctrina del buen Jesús.

La fe hay que aceptarla íntegramente. No se puede ser "un poco católico". O se es o no se es.

A lo largo de la historia de la Iglesia ha habido muchos que creen poder elegir de entre los principios que propone ésta solamente los que les acomodan, rechazando el resto, o bien, mezclando las verdades cristianas con otras doctrinas extrañas, retorciendo lo evidente y presentándolo mañosamente arreglado, para que sea aceptado como verdad.

Eso es lo que constituye una herejía.

Las herejías aparecieron a poco de haber ascendido al cielo nuestro Señor Jesucristo.

La primera lucha fue contra los judaizantes, que quisieron imponer el cumplimiento de la Ley de Moisés, además de la observancia de la doctrina cristiana, sobre todo en lo que se refiere a la circuncisión; pues según el rito mosaico, sin la circuncisión no tendrían salvación.

También se discutía por algunos fariseos que se habían convertido al cristianismo, que los cristianos provenientes de los gentiles, deberían circuncidarse.

Todas estas cosas fueron examinadas por los apóstoles y presbíteros en el Concilio de los Apóstoles, también llamado Concilio de Jerusalén, celebrado en el año 49-50 dC. En donde la circuncisión fue suprimida como obligatoria para todos los cristianos y el apóstol Pedro jefe de la Iglesia, dijo: *"...Hermanos míos, bien sabéis que mucho tiempo hace fui yo escogido por Dios entre nosotros para que los gentiles oyesen de mi boca la palabra evangélica y creyesen. Y Dios que penetra los corazones, dio testimonio de esto, dándoles el Espíritu Santo, del mismo modo que a nosotros..."* (Hch 15, 7-8).

Y en el versículo 11, señala Pedro: *"...Pues nosotros creemos salvarnos únicamente por la gracia de nuestro Señor Jesucristo..."*

(Se puede leer el relato completo de este acontecimiento, en Hch 15, 1-34).

Aún vivían los apóstoles y ya empezaban los judaizantes a sabotear la acción de la Iglesia. Y había un tal Cerinto que sostenía que Cristo fue un simple hombre, como cualquiera otro, sobre el que bajó el Espíritu Santo el día que fue bautizado por Juan el Bautista en el Jordán, ¡SÓLO PARA ABANDONARLO ANTES DE LA PASIÓN! ¡Qué absurdo! ¿Verdad?

Unos ponían al bíblico Melquisedec por encima de Cristo. ¡Qué insensatez !

Un tal Marción, hijo de un obispo de Sínope (Ponto), fue el principal represente de la corriente gnóstica, pero fue expulsado de la comunidad cristiana por su propio padre, en el año 140 dC.

Montano, un sacerdote pagano de la diosa Cibeles, se había convertido al cristianismo, pero se desvió muy pronto de la fe y pregonaba el inminente retorno de Cristo al mundo.

Ya san Pablo decía en 2Tes 2, 3-4: *"...No os dejéis seducir de nadie en ninguna manera, porque no vendrá ese día sin que primero haya acontecido la apostasía casi general de los fieles y aparecido el hombre del pecado, el hijo de la perdición, el cual se opondrá a Dios, y se alzará contra todo lo que se dice Dios, o se adora, hasta llegar a poner su asiento en el templo de Dios, dando a entender que es Dios..."*

Ese tal Montano, predicaba la renuncia del matrimonio. Ayuno riguroso tres veces a la semana. Prohibición de huir ante la posibilidad del martirio. Prohibía la confesión, porque creía que era un modo de fomentar el pecado, en vista de que luego se podría conseguir fácilmente el perdón, etc.

Montano supo ganarse la simpatía de Tertuliano y hasta la del papa Ceferino (197-207 dC), sin embargo, el papa lo condenó, tras haber descubierto la falsedad de sus teorías.

Pero hubo cosas peores: las herejías antitrinitarias, brotadas en la misma era apostólica.

El principio cristiano fundamental e indiscutible de: Existe un solo Dios en su trinidad de personas, en donde el Padre es Dios, el Hijo es Dios y el Espíritu Santo es Dios, y las tres personas un solo Dios verdadero, fue combatido por muchas gentes que tristemente abandonaron la fe cristiana para internarse por caminos equivocados que los llevaron a la perdición, y no sólo a ellos, sino a todos los que fueron engañados por sus falacias, respaldadas por truculentos argumentos.

¡Qué responsabilidad tan grave la de inducir al error a los hombres, alejándolos del camino de la verdad!

Lo peor de todo es que la mentira no venía solamente de fuera, sino que brotaba del mismo seno de la Iglesia, en donde algunos de sus miembros, infatuados por su soberbia, buscando fama y notoriedad o tal vez por intereses políticos, se lanzaron a la absurda aventura de combatir a la Iglesia de Dios.

Unos decían: "Dios es uno" y refutaban la divinidad de Jesucristo y el Espíritu Santo, negando la distinción real entre las divinas Personas.

Otros decían: "En Dios hay una sola persona".

Algunos sostenían: "Cristo fue un hombre puro que nació milagrosamente de la Virgen María y que cuando fue bautizado por Juan el Bautista, Dios le dio poder sobrenatural y LO ADOPTÓ COMO SU HIJO". ¿Igual que nosotros por el Bautismo? ¡Absurdo! ¿Verdad?

En el mismísimo siglo primero los docetas, filosofía que venía de siglos atrás, cuando se enfrenta a la existencia de Jesús que era un escollo para ellos, y para quitarlo de su camino, propalaba que el cuerpo de Cristo no fue mas que una pura apariencia, algo así como una fantasía, una aparición y que por lo mismo, la pasión y muerte de Jesús no fue real sino mera ficción ¡Bah...!

Nestorio, allá por el siglo V dC, pregonaba que en Cristo había dos personas, una para cada naturaleza y que por lo tanto, María no es la madre de Dios, porque sólo es madre de la persona humana. Esta herejía fue condenada en el Concilio de Éfeso en el año 431 dC.

Macedonio negó la divinidad del Espíritu Santo...

Dejé hasta ahora el arrianismo, que fue una doctrina rabiosamente antitrinitaria.

Esta predicaba que el Hijo Jesucristo, no es eterno como el Padre. Que carecía de alma humana. Que Jesús no era substancial del Padre. Que Jesús fue a la vez engendrado y creado. Que era de diferente naturaleza o sustancia que el Padre y que por lo tanto no era Dios. ¡Cuánta insensatez!

La Iglesia tuvo grandes defensores que aclararon y condenaron todas estas barbaridades: Orígenes, Tertuliano, san Ireneo, san Atanasio, san Eusebio de Cesárea, san Basilio, entre muchos.

Las ideas trinitarias se estudiaron y discutieron profundamente en varios concilios. Presididos por el Papa en turno, con la asistencia de cientos de obispos, y por supuesto, con la asistencia especial del Espíritu Santo, llegándose a los dogmas que actualmente profesamos y que en esos concilios se afirmaron, condenando todas esas herejías.

Mención especial de los concilios de Nicea en 325 dC, I de Constantinopla en 381, que condenaron el arrianismo y otras herejías más.

El Concilio de Calcedonia en 451 dC, que condenó el monoficismo, doctrina que sostenía que nuestro Señor Jesucristo sólo tenía la naturaleza divina.

Concilio Ecuménico III, que condenó el monotelismo que afirmaba que en Cristo sólo había una voluntad, la voluntad divina.

Y así como éstas todo un mundo de patrañas.

En los concilios, al final de todos los legados pontificios, firmaban las actas que acreditaban los acuerdos a los que habían llegado y recogían la imprescindible confirmación papal, para que los decretos y decisiones de los Concilios adquirieran valor universal.

No es el objeto de este trabajo detallar el incontable número de herejías que han salido a campear por el mundo. Todas ellas con el deliberado propósito de echar abajo los dogmas proclamados en EL CREDO o Símbolo de los Apóstoles.

Tampoco deseamos hacer un relato minucioso de lo que sostenía cada una de ellas, sino sólo de las principales herejías, todo para hacer notar al lector que la propagación del Evangelio fue y ha sido una enconada lucha llena de toda clase de obstáculos y dificultades.

Los problemas no sólo fueron políticos, los cuales siempre desembocaron en persecuciones pertinaces y sanguinarias, sino también en lucha interminable de ideas, en las que muchos han combatido implacablemente la existencia de un Dios Todopoderoso, al que nos debemos, al grado tal, que se realizaron serias campañas para erradicar de la mente humana la idea de su existencia, estableciendo escuelas y programas en donde se preconizaba el ateísmo más rabioso. Y dirigen todos sus esfuerzos a los niños, para que crezcan sin la idea de Dios y vivan ignorando su existencia.

¡Cuántas almas se han perdido en esas batallas!

Pero junto a esos falsos profetas subsiste la acción del Espíritu Santo a través de la Iglesia que no desmaya, siguiendo su tarea de llevar a todos los hombres el mensaje de Dios, confiados en la promesa de Jesús: *"Yo estaré con vosotros todos los días hasta la consumación de los siglos..."* (Mt 28, 20).

Capítulo VI

Lugares en que predicaron los doce apóstoles

SIMÓN PEDRO – Primer Papa de la Iglesia Católica.

Pedro predicó el Evangelio en Jerusalén a partir del día de Pentecostés, (ver Hechos 2,14-36 y 3, 11-26).

Después se sabe que lo hizo en Lidda, Sarona y Jope, ciudades ubicadas en la llanura costera de Palestina, que se extiende entre Jope y el Monte Carmelo, de gran fertilidad en pastos y flores. Allí realizó Pedro algunos milagros en el nombre del Señor Jesús (Hechos 9, 32-35 y 9, 36-43).

Como resultado de esto surgió una numerosa comunidad cristiana. *"...Todos los habitantes de Lidda y Sarona lo vieron y se convirtieron al Señor..."* (Hechos 9, 35) *"...Lo que fue notorio en la ciudad de Jope; por lo que muchos creyeron en el Señor..."* (Hechos 9, 42).

De allí pasó a Cesárea, visitó al centurión Cornelio que lo mandó llamar para escuchar su predicación y Pedro le habló de Jesús de Nazaret, el Ungido de Dios. De los milagros obrados por ÉL. De su crucifixión y resurrección. De que todos los apóstoles fueron testigos porque comieron y bebieron con ÉL, después de que resucitó de entre los muertos. Que ahora está con Dios constituido juez de vivos y muertos y que de ÉL dieron testimonio todos los profetas.

¡Fue toda una exposición muy concreta, pero clara del CREDO!

Al final, los circunstantes fueron bautizados en nombre de nuestro Señor Jesucristo.

Se sabe también de su presencia en Antioquía de Siria, por la carta de Pablo a los Gálatas 2, 11: *"...Cuando Pedro llegó a Antioquía..."*

Igualmente se descubre la estancia de Pedro en Corinto cuando se menciona, en la primera carta de Pablo a los Corintios, la existencia de un grupo de partidarios de Pedro en esa ciudad, y que Pablo se ve obligado a realizar una convocatoria a la unidad:

"...Me refiero a eso que unos y otros andan diciendo: Yo soy de Pablo. Yo de Apolo. Yo de Pedro. Yo de Cristo. Pero ¿es que está dividido Cristo? ¿Fue crucificado Pablo por ustedes? o ¿fueron bautizados en su nombre...?" (1Co 1, 12-13).

Se habla también de que Pedro predicó en Roma. Los testimonios son los siguientes:

La primera carta de Pedro fue escrita en esa ciudad, y dice así en 5, 13: *"...La Iglesia que, escogida por Dios como vosotros, mora en esta 'Babilonia', os saluda..."*

Se le dice en este caso a Roma "Babilonia", porque al igual que los judíos fueron llevados al exilio cuando se realizó la destrucción de Jerusalén con su grandioso templo, así ahora están ellos fuera de su patria, en parte por la persecución de que han sido objeto, pero también porque están cumpliendo la misión que Cristo les dio: *"...Seréis mis testigos en Jerusalén, y en toda Judea, y Samaria, hasta los confines del mundo..."* (Hechos 1, 8).

La fundación de la Iglesia en Roma se localiza a pocos años de la muerte de nuestro Señor Jesucristo, se piensa que algunos de los judíos que estuvieron presentes en Jerusalén y se convirtieron el día de Pentecostés, y algunos de los cristianos procedentes de la civilización griega que se vieron obligados a huir cuando se recrudeció la persecución, se fueron a Roma tras la muerte de Esteban en la Palestina.

San Jerónimo, traductor de la Biblia del griego al latín (siglo IV dC), señala que Pedro predicó en Roma por espacio de 25 años. No es necesario entender que esos años fueron de una estancia absolutamente constante, pero sí que su presencia en esa ciudad era frecuente.

En las catacumbas de san Sebastián, en Roma, se encuentran inscripciones que los fieles dejaban como testimonio de su paso por allí, en las que se asegura que la tumba de Pedro estuvo en ese lugar durante un tiempo, debido a la persecución desatada por Valeriano (258 dC) y después, sus restos fueron trasladados y sepultados en el subsuelo de la Basílica de san Pedro, en Roma, en donde fueron descubiertos tras las excavaciones realizadas.

San Pedro fue crucificado en Roma en el año 67 dC y actualmente sus restos se encuentran expuestos en una urna de oro en la Basílica de san Pedro, para la veneración de millones de fieles que visitan el lugar.

ANDRÉS – Hermano de Simón Pedro.

Sólo se conocen algunos datos referentes a él. Nació en Betsaida, población de Galilea a orillas del lago de Genesaret o Mar del Tiberiades. Era hijo de Jonás, (no el profeta, sino otro Jonás) y se dedicaba a la pesca con su hermano Simón Pedro.

Un texto muy antiguo, "Fragmento Muratori", procedente del siglo III dC, nos habla de que aconsejaba al apóstol Juan que escribiera el cuarto Evangelio diciéndole: **"DEBE ESCRIBIRLO Y QUE LOS HERMANOS REVISEN LO QUE ESCRIBA".**

¡Cuánto ha sido el cuidado que se ha tenido de que se escriban verdades y se transmitan de generación en generación sin modificaciones arbitrarias, sino manteniendo su pureza original!

Su predicación se llevó a cabo en los Balcanes y al sur de Rusia.

Una tradición muy antigua dice que fue crucificado en Patrás, capital de la provincia de Acaya en Grecia.

Lo amarraron en una cruz en forma de "X" y en ella estuvo padeciendo tres días, los cuales aprovechó para predicar e instruir en la religión a los que se le acercaban. Esto sucedió el 30 de noviembre del año 63 dC, bajo la persecución de Nerón.

Su sepulcro se venera en Amalfi, Italia y su cabeza que era venerada en la Basílica de san Pedro, fue devuelta por el Papa Pablo VI a la Iglesia de Patrás, como un gesto ecuménico.

SANTIAGO EL MAYOR – Hermano del apóstol Juan.

Santiago era de Betsaida de Galilea. Era hijo de Zebedeo y de Salomé y el apóstol Juan era su hermano. Ambos eran pescadores.

Santiago, junto con Pedro y Juan presenciaron, en forma exclusiva, el milagro de la transfiguración del Señor

Jesús, así como la resurrección de la hija de Jairo. Acompañaron a Jesús en la oración en el huerto de Getsemaní, amén de haber sido testigos de los innumerables milagros obrados por nuestro Señor Jesucristo durante su vida pública.

Después de la ascensión de Jesús al cielo, Santiago fue una de las figuras principales de la Iglesia, junto con Pedro y Juan. Por eso Herodes Agripa, cuando decide acabar con los seguidores del Maestro, mandó degollar al apóstol Santiago y poner en prisión a Simón Pedro.

Los Catálogos Bizantinos que datan de siglo VII dC dicen: "Santiago, hijo de Zebedeo y hermano de Juan, predicó en España". Abundan los testimonios de muchos escritores españoles y extranjeros que afirman la presencia de Santiago en España.

Se puede asegurar, sin lugar a dudas, que las reliquias que actualmente se veneran en Santiago de Compostela, son las mismas que se veneraban en las iglesias construidas por Alfonso el Magnífico (en 910) y Alfonso el Casto (en 842).

Las excavaciones del subsuelo de la catedral de Santiago de Compostela, descubrieron un monumento sepulcral del siglo I en donde se encontraron los restos de tres cuerpos que se tomaron como los restos de Santiago y dos de sus discípulos.

El papa León XIII expidió la bula "Deus Omnipotens", reconociendo como auténticas estas reliquias.

JUAN EVANGELISTA – Hermano de Santiago el Mayor.

Juan era hijo de Zebedeo, hermano de Santiago el Mayor. Nació en Betsaida de Galilea y era pescador como su padre y su hermano. Juan al igual que el apóstol Andrés, eran discípulos de Juan el Bautista y el llamado lo recibieron juntos cuando siguieron a Jesús, quien les preguntó: *"¿Qué buscan?" y ellos respondieron: "¿Dónde vives?" A lo que Jesús contestó: "Vengan y verán"* (Jn 1, 35-39).

Juan fue el único de LOS DOCE que estuvo en el Calvario al morir Jesús y recibió del Maestro el gran regalo de cuidar a su Madre Santísima, la Virgen María, cuando dijo en la cruz: *"Mujer he ahí a tu hijo", y en seguida: "Hijo he ahí a tu madre"* (Jn 19, 25-27).

Juan fue preso y azotado varias veces por predicar el Evangelio, después de lo cual se sentía contento de haber sufrido por amor al Señor Jesús.

Juan predicó en Jerusalén, en Samaria y tras la muerte de Pablo, gobernó las Iglesias de Asia con residencia en Éfeso.

En la persecución de Domiciano, Juan fue arrojado a una olla de aceite hirviendo, pero salió ileso por claro favor de Dios, por lo cual el tirano lo desterró a la isla de Patmos, en donde escribió el Apocalipsis, último libro de la Biblia.

También escribió el cuarto Evangelio y tres cartas, muriendo a los noventa y cuatro años hacia el año 100 dC.

En la "Historia Eclesiástica" de san Eusebio de Cesárea, en el libro tercero, capítulo 31, 3, se lee: Pues también en Asia reposan grandes personalidades, las cuales resucitarán el último día de la venida del Señor, en la que vendrá de los cielos con gloria para buscar a todos los santos… "También descansa en Éfeso Juan, el que se reclinó sobre el pecho del Señor y que fue sacerdote portador del 'petalón', mártir y maestro".

En las notas explican que el "petalón" era una insignia que portaba el sumo sacerdote sobre su pecho y la utilización de esta palabra en la frase de Eusebio aplicada al apóstol Juan, era a todas luces simbólica, refiriéndose a la autoridad espiritual del apóstol amado.

FELIPE

El apóstol Felipe también nació en Betsaida de Galilea y de la misma manera se dedicaba a la pesca.

Algunos historiadores señalan que Felipe evangelizó en Asia Menor, cerca del Mar Negro.

Clemente de Alejandría relata que Felipe fue crucificado y apedreado en Hierápolis de Frigia, durante una persecución contra los cristianos, hacia el año 62 dC a la edad de 80 años.

Sus restos son venerados en la Basílica de los Doce Apóstoles, en Roma.

BARTOLOMÉ o NATANAEL

Bartolomé era de Caná de Galilea, hijo de labradores, pero pasados los años emigró a orillas del lago de Genesaret, se construyó una casita en la playa y se dedicó a la pesca.

En un libro antiguo muy venerado, llamado el "Martirologio Romano", se habla de san Bartolomé de esta manera:

"Bartolomé predicó el Evangelio en Armenia, país entre Turquía e Irán y en la parte norte de la India, logrando muchas conversiones".

"Los enemigos del cristianismo lo martirizaron en Albanópolis, de Armenia, quitándole la piel estando vivo y por último le cortaron la cabeza".

TOMÁS – (En hebreo Dídimo. En griego Gemelo).

También era pescador, probablemente de Betsaida de Galilea.

Predicó el Evangelio entre los Partos, un pueblo que se estableció en el siglo III aC al norte del actual Irán. Posteriormente pasó a la India, en la parte norte y logró muchas conversiones.

Padeció el martirio a lanzadas, en Calamina, ciudad que se desconoce ahora en la India.

Su sepulcro se encuentra en Malabar (India), pero posteriormente sus restos se trasladaron a Edesa, centro de caravanas de Mesopotamia y luego a Quios, isla griega del mar Egeo, para finalmente quedar en Ortona, Italia.

MATEO – (También llamado Leví).

Su oficio era recaudador de impuestos en Judea. Trabajaba en una especie de aduana que se encontraba en Cafarnaúm, junto al lago de Genesaret.

Mateo predicó en Palestina, donde escribió su Evangelio en arameo, que después fue traducido al griego.

Cuando estalló la persecución contra los cristianos, en Jerusalén, Mateo se llevó la palabra de Dios a Etiopía, país del África oriental, junto al mar Rojo.

Fue allí en donde el odio contra los cristianos lo llevó al martirio. Lo clavaron en el suelo, donde después lo quemaron vivo.

Sus restos son venerados en Salerno, Italia, a donde los llevaron en el siglo XI.

SANTIAGO EL MENOR

Santiago, denominado el Menor, para distinguirlo de Santiago el Mayor que tenía más edad que él, era hermano de Judas Tadeo y ambos primos del Señor.

Santiago era sumo sacerdote (según relata Eusebio de Cesárea). Vestía de lino como los sacerdotes y podía entrar al Santo, reservado sin excepción a los sacerdotes.

Santiago el Menor fue el primer obispo de la comunidad cristiana de Jerusalén, gobernando a la Iglesia Madre por más de 30 años. Era un hombre muy estimado por los cristianos y también por los judíos.

Fue autor de una de las epístolas de la Sagrada Escritura, llamada Carta Pastoral Católica.

Sufrió martirio como los demás apóstoles en el año 62 dC, arrojado desde el pináculo del Templo.

Sus restos se veneran en Roma en la Basílica de los Doce Apóstoles.

JUDAS TADEO o LEBEO

Judas Tadeo, llamado así para distinguirlo de Judas el traidor, era sobrino de san José y por línea materna, sobrino de la Virgen María. Por consiguiente era primo del Señor Jesús.

Judas Tadeo era campesino, labrador de oficio. Después de la fiesta de Pentecostés, en que los apóstoles recibieron al Espíritu Santo, predicó trece años en la Mesopotamia, región de Asia occidental, entre los ríos Tigris y Éufrates. Uno de los más brillantes núcleos de civilización. Cuna de las antiguas civilizaciones sumérica, acádica, aramea y persa. Actualmente, casi toda la Mesopotamia forma parte de Irak.

Judas Tadeo murió martirizado en Edesa, centro de caravanas de Mesopotamia. Fue asaeteado y rematado a golpes de mazo.

SIMÓN EL CANANEO o El Zelota, que significa "celador"

Se desconoce su origen, pero se sabe que predicó en Persia y la Mesopotamia en compañía de Judas Tadeo.

Se festejan el mismo día, porque siempre anduvieron juntos predicando la palabra de Dios.

Simón el Cananeo fue aserrado vivo y por eso se le presenta con una sierra en la mano. Los leñadores lo veneran como su santo patrono.

Alemania fue bendecida con parte de los restos mortales del santo, que se encuentran en las ciudades de Colonia y Goslar.

Otras partes de su cuerpo son veneradas en Roma, en Hersfeld y algunos otros lugares.

MATÍAS – El sustituto de Judas Iscariote.

La elección de san Matías para sustituir al traidor Judas Iscariote, se relata en Hechos de los Apóstoles 1, 15-26.

La tradición nos cuenta que predicó en Judea y Etiopía y como los demás, perseguido. Finalmente martirizado en Judea, donde lo decapitaron con una hacha.

Sus restos fueron trasladados por santa Elena, madre del emperador romano Constantino, a Tréveris, Alemania.

Esta es una brevísima historia de la acción evangelizadora del Colegio Apostólico. LOS DOCE.

Llevaron la Palabra de Jesús, EL CREDO cristiano, a los países y regiones que hemos enumerado. Consiguieron establecer, instaurar, poner en práctica la doctrina cristiana, entre muchas razas y pueblos. No fue una tarea tan fácil como queda relatado en este capítulo. Tenemos que pensar que se necesitaron interminables jornadas de trabajo. Hubo que batallar con la obstinación, con la incomprensión, con los atavismos de siglos, con la raigambre profunda de idolatrías y costumbres religiosas totalmente distintas. Con la natural y ancestral actitud humana de una empecinada oposición al cambio. Con los solapados infiltrados que querían echar a rodar los planes de evangelización y combatir con denuedo contra todas las fuerzas del mal, eternas enemigas de Dios.

Pero la tenacidad y generosidad de estos inigualables evangelizadores. Su profundo convencimiento de la verdad que llevaban como regalo a esas culturas. El invaluable tesoro de una doctrina recibida directamente de labios de Jesús, el Mesías, el Hijo de Dios, apuntalada recia y fundamentalmente por la acción del Espíritu Santo, constante sostén y guía de la Iglesia, tuvo logros insospechados, aunque para ello haya sido necesario entregar la propia vida en el martirio.

La Palabra de nuestro Señor Jesucristo corrió distancias, cruzó ríos, mares y montañas, llenó de ecos cristianos los ambientes del mundo, encontrando las conciencias de millones de seres, que estupefactos unos, seducidos otros por las maravillas relatadas sobre aquel Jesús de Nazaret, les permitieron descubrir un camino mejor para transitar los días y años de la vida en esta tierra, poniendo los ojos con gran gozo y esperanza en la promesa de la vida eterna.

En todas esas latitudes EL SÍMBOLO DE LOS APÓSTOLES, EL CREDO, se proclamó como una divisa, como un símbolo distintivo y de honor para aquellos que lo profesamos y quedaron establecidos núcleos importantes de discípulos de Jesús que persisten hasta ahora, gracias a la apasionada entrega de aquellos adalides de la fe.

Capítulo VII

El credo de Nicea y de Constantinopla

Si se tratara de determinar cuál de todos es el primer CREDO, podríamos asegurar que fue el que pronunció nuestro Señor Jesucristo a lo largo de sus tres años de predicación, en los que abrió una pequeña cortina para mostrarnos un rincón de Su cielo.

¡Cuánta revelación maravillosa nos hizo a los hombres a través de su Palabra! ¡Cómo descubrió ante nosotros el amor de Dios, su Padre, que nos amó tanto, que hizo posible su presencia real y palpable en la tierra, en la persona de nuestro Señor Jesucristo!

¡Cómo descubrió paso a paso su plan asombroso para los hombres, a través de su admirable doctrina! La desarrolló a ratos, como oculta por un velo tenue y misterioso que sólo dejaba traslucir sus dulces verdades, como si tratara de seducir nuestra atención tan dispersa entre las ocupaciones del mundo.

¡Cómo logró captar el interés de sus oyentes con su lenguaje persuasivo y fascinante! ¡Con cuánta sencillez y amor descubrió las promesas que su amante corazón tiene para todos aquellos que saben escucharlo!

Durante esos tres años dejó trazado un claro camino que nos lleva a ÉL y al cielo que nos tiene preparado desde la eternidad.

Ese fue el primer CREDO, proclamado de viva voz de nuestro Señor Jesucristo, en el cual debemos poner nuestra fe y nuestra esperanza.

De ese credo surgieron los CREDOS "chiquitos" que pronunciaban los apóstoles en sus primeras predicaciones al pueblo. Todas ellas haciendo énfasis en el misterio Pascual de Jesús: Que se hace hombre, vive entre nosotros, y con su ejemplo nos enseña cómo se debe vivir en familia. Predica su doctrina afanosamente por tres años. Da su vida por nosotros en la cruz. Resucita. Asciende al cielo y está sentado a la diestra de Dios Padre, y habrá de venir al final de los tiempos. Su hermosa vida arrancó esta frase de Renán, su implacable enemigo: "si no fue Dios merece serlo".

Y otros muchos CREDOS "chiquitos", porque cada uno de ellos no abarcaba sino partes de la maravillosa doctrina de Jesús, expuesta a los hombres según las circunstancias del momento, según los problemas de las comunidades y las necesidades de los oyentes, para ir entregándoles a lo largo de las predicaciones toda la doctrina del Mesías, Hijo de Dios.

Pero el CREDO siguiente al que Jesús proclamó con sus propios labios, durante sus predicaciones, fue nada menos que el que se ha pronunciado desde entonces, sobre todo aquel que va a recibir el bautismo cristiano, "Fulano... YO TE BAUTIZO EN EL NOMBRE DEL PADRE, Y DEL HIJO, Y DEL ESPÍRITU SANTO", fórmula establecida por el mismo Jesús el día de su ascensión al cielo, y que viene a ser la piedra angular de nuestra fe católica. Somos bautizados en nombre de la Santísima Trinidad, dogma fundamental de nuestra fe.

La predicación de la Palabra de Dios entre los hombres, hablaba insistentemente del gran misterio de la Trinidad. El gran misterio del Dios Uno y Trino.

Y ciertamente es un misterio para el hombre. En nuestro mundo, uno, más uno, más uno siempre será igual a tres. En la economía de Dios uno, más uno, más uno es igual a UNO. UN SOLO DIOS.

¿Cómo podríamos conocer los hombres la grandeza de Dios con sólo nuestra pobre razón, con nuestra inteligencia tan humana, tan limitada?

Los grandes teólogos como san Agustín, santo Tomás y otros, tuvieron simplemente que aceptar que no podían llegar al fondo de ese gran misterio, sino tan sólo enunciarlo ante la incapacidad de definirlo, y únicamente sustentarlo con las verdades reveladas.

Sería una pretensión enorme el tratar de entrar en la intimidad de Dios. Por eso es que el Señor acudió en nuestra ayuda por medio de sus revelaciones, para hacernos conocer muchas cosas de ÉL: Su amor enorme por nosotros, para que lo descubriéramos advirtiendo su presencia en las portentosas obras de SU creación. Para que supiéramos los grandes planes que tiene para todos los hombres y lo que espera de nosotros como respuesta a su llamado.

Primero se reveló a través de los profetas y finalmente vino ÉL mismo en la persona de Jesucristo, como lo dice la Carta a los Hebreos en 1, 1-2:

> *"...Muchas veces y de muchas maneras habló Dios en el pasado a nuestros padres por medio de los Profe-*

tas. En estos últimos tiempos, nos ha hablado por medio de su Hijo a quien instituyó heredero de todo, por quien también hizo el universo..."

Ya en su momento hablaremos de este asunto.

Y fue precisamente el misterio de la Trinidad de Dios, el que trajo grandes problemas a la Iglesia en los primeros siglos.

Ya comentamos atrás la serie interminable de barbaridades que se decían en esos años. Ya señalábamos también que muchas doctrinas falsas venían siendo sostenidas por algunos miembros surgidos de la misma Iglesia, lo cual lo hacía más doloroso.

Para terminar con esas herejías, se convocaba a Concilios y Sínodos, que no son otra cosa que la reunión de obispos, bajo la dirección del Papa, en los que se tratan asuntos de la Iglesia, se toman decisiones, se promulgan preceptos o se definen dogmas, en donde se proclaman en acto definitivo puntos de doctrina referentes a la fe o a la moral y en donde se resuelven controversias doctrinales.

Por ejemplo, en el Concilio de Jerusalén (año 49-50 dC), se resolvió la gran agitación que había entre los cristianos procedentes del paganismo, a los cuales los judaizantes pretendían imponerles como obligatorias las cargas ordenadas por la Ley de Moisés.

El apóstol Pablo y Bernabé, presentaron este problema en el citado Concilio, en el cual, después de un maduro examen, Pedro, primer jefe de la Iglesia Católica, aprobó la evangelización sin las trabas de la ley mosaica y sólo se hicieron algunas recomendaciones adicionales.

Los Concilios de Nicea y Constantinopla, se convocaron principalmente para estudiar las doctrinas aberrantes que Arrio, un presbítero de Alejandría, nacido en Libia en el año 256 dC, andaba propalando entre los fieles y también entre los altos jerarcas de la Iglesia, en relación con la Santísima Trinidad. Estas teorías ya mencionadas arriba en este trabajo, constituían un ataque frontal contra los principios sostenidos por la Iglesia Católica.

El obispo Alejandro Alejandrino, ante estas circunstancias, decidió convocar a un Sínodo de obispos en Alejandría, el año 321 dC, al que asistieron 100 de ellos, todos africanos, en donde se condenó la doctrina de Arrio, por tratarse de toda una herejía.

Sin embargo, Arrio no se sometió al dictamen del Sínodo de Alejandría, sino que continuó diseminando sus perversas enseñanzas, buscando confundir a los miembros de la Iglesia y convertirlos en sus seguidores.

De esta manera, se ganó las simpatías del obispo Eusebio de Nicomedia y hasta del obispo Eusebio de Cesárea y de algunos otros.

Las ideas de Arrio eran ideas astutamente elaboradas, no obstante que el misterio de la Santísima Trinidad ya estaba suficientemente aclarado por los evangelios, que para esas fechas, ya eran los textos oficiales utilizados en la catequesis y en las predicaciones.

Cuando leemos la Sagrada Escritura, con sencillez, con la mente y el corazón abiertos a la verdad, sin retorcimientos y componendas, descubrimos las revelaciones del Espíritu Santo, que a través de los escritores sagrados, nos hacen percibir los lazos íntimos que unen a Cristo con el Padre y el Espíritu Santo.

Todo está hablado en la Sagrada Escritura. (Véase Mateo 16, 16-18, Filipenses 2, 6-11, Colosenses 1, 15-17, Primera de Timoteo 3, 16 y principalmente en Juan 1, 1-14) y muchos textos más.

Los dogmas se proclamaban en la Iglesia de forma generalizada y uniforme y de la manera como lo deseaba el Señor Jesús cuando decía en la oración sacerdotal: *"...No ruego solamente por ellos, (sus discípulos) sino también por los que han de creer en mí por su palabra. Que todos sean uno como tú Padre, en mi y yo en ti. Que ellos también sean uno en nosotros, para que el mundo crea que tú me has enviado..."*

De allí que el Satán interviniera envenenando las mentes de algunos cristianos con razonamientos que sólo eran lógicos en apariencia, y que se concebían con la mala intención de conducir al error, buscando perversamente romper la unidad de la Iglesia. Y aseguraban estos falsos profetas, que "sus dogmas trataban de proponer en forma sencilla y fácilmente explicable a la condición humana, los grandes misterios de Dios". ¡Qué considerados!, ¿verdad?

¡Mentiras. Puras mentiras! Retorcieron las ideas para desviar las conciencias de los hombres, conduciéndolos a las herejías más aberrantes que causaron gran conmoción en la Iglesia de aquellos tiempos. ¡Cuántas almas perdieron el camino!

En esa época, (estamos hablando de los años 306-337 dC) era emperador romano Constantino I, el Grande, quien otorgó la libertad religiosa mediante el edicto de Milán, en el año 313 dC. Y una vez que venció a su acérrimo rival Licinio, en el año 321 dC, proclamó al cristianismo religión oficial del Imperio Romano.

Constantino había recibido el poder como herencia de su padre Constancio, pero era un imperio dividido y con grandes luchas por el poder y Constantino vislumbró que los grupos cristianos diseminados por el imperio, podrían ser un elemento de integración para lograr la unidad y la paz del estado.

Pero esta actitud no era por intereses espirituales, sino más bien por conveniencias políticas, pues Constantino no estaba ni siquiera bautizado. Por lo tanto, liberó de la persecución a las comunidades cristianas para facilitar las cosas.

Ante el intento de buscar la unidad y la concordia en el imperio, se encontró con los desacuerdos y pugnas entre importantes jerarcas de la Iglesia Católica, en donde las discusiones doctrinales producían divisiones y discordias.

Para resolver este problema, intentó intervenir en el caso enviando a su consejero en materia eclesiástica, el obispo español Osio de Córdoba, para que hablara con el disidente Arrio, pero todas sus gestiones resultaron un fracaso. No consiguió que se retractara de sus teorías y la guerra de ideas siguió adelante.

Entonces, el emperador Constantino, abrogándose un derecho que no tenía, porque muy emperador y todo, no tenía por qué intervenir en las acciones de la Iglesia, convocó a todos los obispos al Concilio de Nicea, para que de una vez por todas se estudiaran los problemas y se llegara a un acuerdo sobre la teología de la Trinidad de Dios.

El obispo Arrio de Alejandría, era el causante de esa fuerte división en la Iglesia. A partir del año 318 dC, había empezado a enseñar la doctrina que negaba la auténtica divinidad del Verbo. Sus equivocadas ideas habían avanzado dentro de las estructuras de la Iglesia. El obispo Eusebio de Nicomedia se había convertido en su brazo derecho en la deplorable tarea, y el obispo Eusebio de Cesárea, había descubierto lo equivocado que estaba Arrio y reconsiderando las cosas, se alejó de su influencia.

San Agustín también estuvo por algún tiempo engañado por las aberraciones de Arrio, pero su maestro, el obispo Ambrosio de Milán, lo hizo cambiar de parecer.

Fue en la primavera del año 325 dC, cuando se celebró el Concilio de Nicea. Los 318 obispos, casi todos orientales, respondieron a la convocatoria lanzada por el emperador Constantino y entraron al palacio imperial de Nicea a orillas del mar Negro. La guardia pretoriana les rindió honores a los participantes mientras que, seguramente, venían a la mente de los obispos los recuerdos de las persecuciones violentas que habían sufrido en el cercano pasado.

Allí estuvo presente Eusebio, el obispo de Cesárea, acompañado de Paulino, obispo de Tiro, y tuvo una destacada actuación en el desarrollo del Concilio.

Al obispo Arrio se le dieron toda clase de facilidades para que expusiera sus teorías, así como para defenderlas, encontrando en san Atanasio un poderoso y tenaz oponente, determinado defensor de la verdad y de la ortodoxia de la doctrina de la Iglesia.

Este obispo, a lo largo de su prolongada lucha en contra del arrianismo, se ganó cinco veces el exilio y otras tantas veces fue perdonado. Esto ocurrió a medida que cambiaban las circunstancias políticas. Pero él seguía su lucha, porque aunque estaba condenada la doctrina de Arrio, aún seguía haciendo mucho daño a la Iglesia.

El obispo Eusebio de Nicomedia, incondicional de Arrio, presentó en el Concilio un proyecto de CREDO, tan absurdo, que fue destruido allí mismo por considerarlo indiscutiblemente blasfemo.

En otro momento, el obispo Eusebio de Cesárea dio lectura al CREDO que se confesaba en su Iglesia (Cesárea) y, con ligeras modificaciones, fue adoptado como declaración de fe de todas las iglesias.

Se aceptó, después de muchas controversias, la palabra ***HOMOUSIOS***, que significa ***CONSUSTANCIAL***, para expresar el dogma: "EL HIJO ES **CONSUSTANCIAL** AL PADRE, **DE LA MISMA NATURALEZA** QUE EL PADRE".

Finalmente el obispo español Osio de Córdoba, después de transcurridas largas y enconadas discusiones, después de vencidas las innumerables dificultades que se suscitaron, escogiendo las expresiones más adecuadas, redactó finalmente EL CREDO NICENO.

Una vez concluido el Concilio de Nicea, en donde se aceptó el CREDO NICENO, se firmaron las actas del Concilio para constancia, habiendo votado a favor 301 de los 318 obispos asistentes, condenándose a Arrio y a sus escritos por sus doctrinas heréticas, confirmándose con esto la condena que ya había sido decretada en el Concilio de Alejandría en el año 321 dC.

Pero parece mentira. Todas la teorías en contra de las verdades reveladas, se presentan a los hombres revestidas con ropajes artificiosa y perversamente preparados, de manera tan atractiva y accesible, que para el estándar de la gente, tan despegada de la cosas de Dios, tan carente de la instrucción religiosa más elemental, cuya vida cristiana es más bien tradicional que consciente, resultan a veces tan atrayentes, que se convierten en pasto fecundo para el engaño; y con una facilidad pasmosa se tragan enteras todas las mentiras que les proponen, sin ofrecer la más mínima resistencia, pues ni analizan, ni cuestionan, porque no conocen la verdadera doctrina. Entonces, ¿cómo descubrir el engaño?

La muerte del fundador del arrianismo, el obispo Arrio, ocurrió en el año 335 dC, pero sus necios y tercos seguidores continuaron propalando sus mentiras por varias décadas.

Siete años después del Concilio de Nicea, el luchador incansable y fiel, el obispo español Osio de Córdoba, presidió el Concilio de Sárdica en 343 dC. En él se proclamó el CREDO NICENO y una nueva condena cayó sobre el arrianismo, haciéndolo perder terreno.

Después vino el Sínodo de Arlés, en 353 dC, luego el Concilio de Milán, en 355 dC, posteriormente el Concilio de Sirmio en 358 dC, el Concilio de los Confesores en 362 dC, el Sínodo Romano en 369 dC, en donde se proclamó nuevamente aquello de ***"la consustancialidad del Hijo con el Padre"*** habiéndose definido además, la divinidad del Espíritu Santo.

Finalmente, Teodosio el Grande, convocó al Concilio Ecuménico de Constantinopla, para restablecer definitivamente la paz en la Iglesia.

En él participaron ciento cincuenta obispos. Se ratificó el CREDO NICENO y se estableció el SÍMBOLO NICENO-CONSTANTINOPOLITANO. Se definió la divinidad del Espíritu Santo. Se condenó una vez más al arrianismo, junto con las herejías de los macedonianos, fotinianos, apolinaristas, sabelianos, etcétera.

¡Es de sorprender la existencia de tantas herejías...!

En la actualidad, el CREDO NICENO-CONSTANTINOPOLITANO, es aceptado tanto por los católico romanos, como por los protestantes y cristianos evangélicos, llamados "fundamentalistas" y es el CREDO que proclamamos en nuestras misas, cuando una vez escuchado el Evangelio y la homilía correspondiente, lo "rezamos" en voz alta y en coro, como una confirmación de que aceptamos, creemos, reconocemos y profesamos, lo que se nos ha leído y explicado.

CREDO NICENO-CONSTANTINOPOLITANO

Creo en un solo Dios,
Padre Todopoderoso,
Creador del cielo y la tierra, de todo lo visible
y lo invisible.

Creo en un solo Señor, Jesucristo,
Hijo único de Dios,
nacido del Padre antes de todos los siglos:
Dios de Dios, Luz de Luz,
Dios verdadero de Dios verdadero,
engendrado, no creado,
de la misma naturaleza del Padre,
por quien todo fue hecho;
que por nosotros, los hombres, y
por nuestra salvación bajó del cielo,
y por obra del Espíritu Santo se
encarnó de María, la Virgen, y se
hizo hombre;
y por nuestra causa fue crucificado
en tiempos de Poncio Pilato;
padeció y fue sepultado,
y resucitó al tercer día, según las Escrituras
y subió al cielo, y está sentado
a la derecha de Dios Padre;
y de nuevo vendrá con gloria para
juzgar a vivos y muertos y su reino no
tendrá fin.

Creo en el Espíritu Santo, Señor y dador
de vida,
que procede de Padre y del Hijo,
que con el Padre y el Hijo recibe una misma
adoración
y gloria y que habló por los profetas.

Creo en la Iglesia, que es una, santa, católica
y apostólica.
confieso que hay un solo Bautismo,
para el perdón de los pecados.
Espero la resurrección de los muertos
y la vida del mundo futuro.
AMÉN.

Cuando en la Misa terminamos de proclamar el CREDO, en voz alta y en coro toda la asamblea, el celebrante dice con solemnidad:

"Esta es nuestra fe. Esta es la fe de la Iglesia, que nos gloriamos en profesar, en Jesucristo nuestro Señor".

Sí. Esta es nuestra fe. Es lo que creemos. Es lo que sustentamos. Es en lo que confiamos. Esto es lo que aseguramos y ratificamos con todo nuestro ser. Sin dudas ni titubeos. Contiene las verdades fundamentales que Jesucristo nuestro Señor vino a enseñarnos de viva voz a este mundo. ¡No es otra doctrina! Es lo mismo que enseñaba Jesús por Galilea, Samaria y Judea. Escrupulosamente conservada de toda adulteración. Protegida hasta con la propia vida de los falsos profetas externos e internos, para hacerla llegar hasta el final de los tiempos pura y santa, pues es Palabra de Dios.

Los hombres de los tiempos de Jesús, que tuvieron la fortuna de ver su figura imponente y señorial, escucharon de sus propios labios sus magistrales enseñanzas. Unos, para su desgracia, no las atendieron, como dice Juan en el capítulo uno de su Evangelio: *"...vino a los suyos y los suyos no le recibieron..."*

Pero hubo otros que no sólo las recibieron, sino que les sirvieron para transformar su forma de vivir dedicando los días de su existencia a divulgar esas verdades, a costa de sus propias vidas.

Y después de dos mil años, cientos de millones de hombres y mujeres de este mundo, hemos sido evangelizados y continuamos proclamando el mismo CREDO de Jesús nuestro Señor, el mismo CREDO que profesa toda Su Iglesia. La gran familia de los bautizados. La gran familia de Dios.

Por eso, siguiendo lo que dice el celebrante en las Misas tras la proclamación del CREDO, pregonamos con nuestro grito, que esa es la fe de la Iglesia A LA QUE PERTENECEMOS. Una fe distinta a la fe de los que no creen. Una fe singular que NOS GLORIAMOS en profesar. Es decir: sentimos un santo orgullo de ejercerla. Un gozo inefable y gran satisfacción y paz al practicarla.

Pero hay algo que vale la pena comentar. ¿Por qué creemos en que sólo porque se reunieron los obispos con el papa para resolver las controversias que se suscitaron y que una vez estudiadas se emite un veredicto y se dictamina cuál es la verdad, por qué hay que aceptarla como tal?

Esto es muy simple. El papa y los obispos, o sea, el Magisterio de la Iglesia, unidos en comunión para estos menesteres, tienen el poder de Dios para determinar lo que es verdad y lo que es mentira, tratándose de fe y buenas costumbres y en defensa de las verdades reveladas por Dios.

Hay en la Sagrada Escritura muchos textos que así lo avalan. Citaremos algunos, para ilustración:

El Señor Jesús le dice a Simón:

"...Bienaventurado eres, Simón, hijo de Juan, porque no te lo ha revelado la carne y la sangre, sino mi Padre celestial. Y por tanto, yo te digo que tú eres Pedro (piedra) Y *SOBRE ESTA PIEDRA EDIFICARÉ MI IGLESIA*, y las puertas del infierno NO PREVALECERÁN CONTRA ELLA. Y te daré las llaves del reino de los cielos. Y CUALQUIER COSA QUE ATES EN LA TIERRA. SERÁ ATADA EN LOS CIELOS. Y CUALQUIER COSA QUE DESATES EN LA TIERRA SERÁ DESATADA EN LOS CIELOS..." (Mt 16, 17-19).

"...Simón, Simón: mira que Satanás ha logrado cribaros como el trigo. YO HE PEDIDO POR TI PARA QUE TU FE NO DESFALLEZCA. Y TÚ, UNA VEZ CONVERTIDO, *CONFIRMA A TUS HERMANOS*..." (Lc 22, 31-32).

"...Dijo Jesús a Simón Pedro: hijo de Juan, ¿me amas más que éstos? Respondióle: Sí, Señor, tú sabes que te amo. Jesús le dice: *APACIENTA A MIS CORDEROS"* (Jn 21, 15).

(Con esto el Señor le confiere a Pedro el cuidado supremo de todos los fieles en la Iglesia. En la antigüedad los reyes eran llamados pastores de hombres.)

"...Id pues y hacer discípulos a todas las gentes... ENSEÑÁNDOLES *A GUARDAR TODO LO QUE OS HE MANDADO. Y sabed que* YO ESTOY CON VOSOTROS *TODOS LOS DÍAS HASTA EL FIN DEL MUNDO..."* (Mt 28, 19-20).

Desde Pentecostés, la marcha de la Iglesia ha sido precedida y conducida por el Espíritu Santo, por lo que es fácil entender que en los concilios Su presencia es indispensable y así sucede, *Y ALLÍ ESTÁ*.

Los Hechos de los Apóstoles tienen un texto muy revelador, cuando en el capítulo 15 habla del Concilio de Jerusalén (49-50 dC).

Tras hablar Pedro y declarar lo acordado, y sancionado con la potestad que el Señor Jesús le había dado, dice Hechos: **"Calló a esto toda la multitud".**

El apóstol Santiago dijo en seguida un largo discurso ante los asistentes y **en el versículo 28 del capítulo 15, señala: "...Porque *HEMOS DECIDIDO EL ESPÍRITU SANTO Y NOSOTROS*, no imponerles otras cargas más que las indispensables..."**

¡El ESPÍRITU SANTO había inspirado la decisión tomada por la ASAMBLEA DE JERUSALÉN!

Y así es. La Iglesia cuenta con la asistencia especial del Espíritu Santo. El Espíritu Santo fortalece, instruye, y guía a la Iglesia en la gran tarea de la evangelización, *"...TODOS LOS DÍAS HASTA EL FIN DEL MUNDO...!"*

Capítulo VIII

Y ¿por qué otro *credo*?

No. No es otro CREDO. Sería otro si los dogmas establecidos en el SÍMBOLO DE LOS APÓSTOLES se hubieran cambiado. Pero no es así. El CREDO sigue siendo el mismo.

Leemos en el No. 171 del Catecismo de la Iglesia Católica, de Juan Pablo II, lo siguiente:

"...La Iglesia, que es 'columna y fundamento de la verdad' (1 Tm 3, 15) **guarda fielmente 'la fe transmitida a los santos una vez para siempre'** (Judas 3). **Ella es la que GUARDA LA MEMORIA DE LAS PALABRAS DE CRISTO, la que transmite de generación en generación LA CONFESIÓN DE LOS APÓSTOLES..."**

Así que las verdades siguen siendo las mismas que predicó nuestro Señor Jesucristo hace dos mil años. Las mismas que desde entonces se predican en la Iglesia de Dios. Las mismas que se seguirán divulgando entre los hombres hasta el final de los tiempos. Sin modificaciones. Sin cambios, porque la verdad es una y será una por siempre.

Ya decía san Pablo en su epístola a los gálatas 1, 6-9:

> *"...No salgo de mi asombro al ver con qué rapidez han abandonado a quien los llamó mediante la gracia de Cristo para pasarse a otro evangelio. PERO NO HAY OTRO EVANGELIO. Lo que pasa es que algunos los están confundiendo e intentan manipular el Evangelio de Cristo. Pues SEA MALDITO CUALQUIERA* –YO INCLUSO *O* UN ANGEL DEL CIELO– *que les anuncie un evangelio distinto del que yo les anuncié. Ya les había dicho, y ahora lo repito: Si alguno les anuncia un evangelio distinto del que han recibido, CAIGA SOBRE ÉL LA MALDICIÓN..."*

Ya señalamos en el capítulo anterior, la lucha tenaz que se libró contra los falsos profetas, que trataron con toda clase de argucias y mentiras, demeritar la doctrina sobre la Santísima Trinidad.

La Iglesia tuvo que reunirse en Concilio muchas veces, para discutir a fondo las teorías que presentaban los heréticos, corruptores de conciencias, y hubo que analizarlas a la luz de la Palabra de Jesús, para poner a la vista de todos las mentiras que propagaban los enemigos de Dios y exponer, de una vez por todas, con toda claridad, la doctrina del Señor.

Toda esa lucha enconada para defender la doctrina de Jesús, obligó a la Iglesia a efectuar algunas precisiones, para que las Palabras de Jesús no pudieran tergiversarse dolosamente.

Por eso, dentro de la complejidad que presentan los misterios insondables de Dios, se ampliaron y se expresaron en forma más clara los dogmas Trinitarios, poniendo en evidencia la malicia y falsedad de los enemigos de Dios.

Para ilustrar este punto, podemos comparar la redacción del primer artículo del Símbolo de los Apóstoles y el primer artículo del Credo Niceno-Constantinopolitano:

SÍMBOLO DE LOS APÓSTOLES.
Primer artículo de fe

Creo en Dios,
Padre Todopoderoso,
Creador del cielo y de la tierra.

CREDO NICENO-CONSTANTINOPOLITANO
Primer artículo de fe

Creo en un solo Dios,
Padre Todopoderoso,
Creador del cielo y de la tierra,
de todo lo visible y lo invisible.

Si comparamos el primer renglón de cada uno de ellos, la diferencia que encontramos en el segundo credo, son las palabras “UN SOLO”, que en nada demerita al primer credo, sino que lo explica con mayor exactitud. Lo fortalece. No hay dos, ni tres, ni cien dioses. SÓLO UNO.

La segunda línea es idéntica.

La tercera línea es igual en los dos credos. Pero en el segundo se adiciona “DE TODO LO VISIBLE Y LO INVISIBLE”.

Esto tampoco cambia el dogma del Dios Creador. No lo limita, sino habla de la amplia capacidad creadora del Señor. No tiene límites. Explica que no sólo creó las cosas que podemos ver sino las que no vemos. Como Su reino celestial.

Se pudo decir: Dios es creador de todo. Pero se explica mejor diciendo "de todo lo visible y lo invisible", para que no haya dudas. En resumidas cuentas, significa eso: TODO.

En el segundo artículo de fe leemos en el Símbolo de los Apóstoles: "Creo en Jesucristo, su único Hijo, Nuestro Señor".

El CREDO Niceno-Constantinopolitano lo expresa con mayor amplitud. Fueron definiciones a las que llegaron en los concilios, después de profundas reflexiones y con ayuda del Espíritu Santo, para establecer lo que hay que creer. Y por sí solas explican quién es Jesucristo, el Señor:

Que es Hijo único de Dios, que es eterno con el Padre, que es Dios, que es Luz, que no fue creado sino engendrado. Que el Padre y el Hijo son de la misma naturaleza y "que para nuestra salvación bajó del cielo".

Con estas precisiones, con estas explicaciones, se amplía la idea de quién es Jesucristo, se afirma su existencia y conocemos más de ÉL.

Si nuestros lectores continúan este ejercicio, encontrarán que sólo se amplían los conceptos, se explican mejor y consecuentemente se entienden más fácilmente.

No cambia la doctrina. No se eliminan los artículos de fe, sino que se exponen de manera más comprensible para todos.

Con todo esto, se propició la caída de todas aquellas doctrinas perversas, y esclarecida la verdad, quedaron al descubierto todas las falacias y mentiras, ganándose la condena expresa en los concilios, por heréticas y blasfemas.

Capítulo IX

El *credo* de san Atanasio

Como ya lo dijimos, no se trata de otro CREDO. Es el mismo de siempre, pero explicado, ampliado. Incuestionable. En este caso hasta parece exageradamente repetitivo, pero no es así. Se trata de presentar los dogmas de tal manera claros, que cierren todos los resquicios por los que se pueda colar el error. Que impidan por su reiteración e insistencia, que alguien pueda retorcer los conceptos y así corromper la doctrina de Jesús.

Hablemos un poco de quien fue san Atanasio:

San Atanasio nació en el año 295 dC, en la populosa ciudad de Alejandría, en Egipto, fundada en el año 331 aC por Alejandro el Grande, a un lado de la desembocadura del río Nilo, en el Mediterráneo.

Su localización geográfica la convirtió en un gran emporio económico, pues era el eje del comercio entre oriente y occidente.

Esa ciudad fue asiento de la famosísima biblioteca Alejandrina, que junto con la que se ubicó en el templo de Serapis, constituía la mayor colección de libros de la antigüedad, que por cierto fue destruida en una de las acciones más absurdas y condenables de la historia.

Por otra parte, era un centro cultural, en el que se cultivaban la filosofía, las matemáticas, astronomía, zoología y otras ciencias.

En este ambiente vivió san Atanasio, alcanzando a vivir algunas secuencias de las últimas persecuciones dirigidas por el imperio romano contra los cristianos, antes del advenimiento del emperador Constantino, del que ya hemos hablado.

En el año 311 dC, presenció el martirio de su obispo Pedro de Alejandría y de otros cristianos y fue amigo de san Antonio Abad, lo que fue de inmenso provecho para su vida.

Con grandes cualidades para la oratoria y una brillante inteligencia, se dedicó a prepararse para el sacerdocio, y siendo diácono fue escogido por Alejandro, obispo de Alejandría, como su secretario, asistiendo como tal al concilio de Nicea y fungiendo como su consejero en las discusiones que se presentaron.

Tenía veintitrés años de edad cuando escribió su primer libro, acerca de la Encarnación de Jesucristo.

En el curso de sus cuarenta y seis años de sacerdocio, no dejó nunca de predicar a favor de Jesucristo, por lo que se dice que después de los apóstoles, en la antigüedad, quizás ninguno contribuyó más que Atanasio a hacer amar a Jesucristo.

Corría el año 318 dC, cuando la herejía arriana se precipitó sobre la Iglesia, como huracán que amenazaba con arrasarlo todo. Produjo tal conmoción entre los fieles, que muchos dejaron las filas del cristianismo para agregarse a la facción arriana, debido al apoyo incondicional de las autoridades del imperio romano.

En este estado de cosas, Atanasio, a la edad de treinta y tres años, era obispo de Alejandría y se convirtió en adalid y esforzado defensor de los dogmas católicos, además de san Basilio y san Ambrosio.

San Atanasio fue un líder que combatió las ideas de Arrio y de su brazo derecho, Eusebio de Nicomedia, defendiendo denodadamente la filiación eterna de Jesucristo.

Su lucha fue tenaz e irreductible, y a lo largo de ella sufrió persecuciones en las que se puso precio a su cabeza, padeciendo cinco destierros que en conjunto significaron diecisiete años fuera de su casa, hasta que una vez concluida su lucha con éxito, pudo finalmente vivir en paz y ejercer tranquilamente su oficio pastoral durante siete años, en Alejandría.

San Atanasio murió en el año 373 dC, y forma parte del catálogo de doctores de la Iglesia.

En su CREDO, escrito en defensa de las ideas trinitarias, podemos percibir su fe acrisolada, su conocimiento profundo sobre el dogma católico y una determinación grande de fijar en la mente de todos la verdad.

Para algunos será exageradamente reiterativo, pero seguramente terminante, categórico, preciso. Capaz de salir al paso de cualquier intento perverso de tergiversación de la verdad.

Aquí se transcribe:

Texto del credo de san Atanasio

"Todo el que quiera salvarse, ante todo es menester que mantenga la fe católica; el que no la guarde íntegra e inviolada, sin duda perecerá para siempre".

"Ahora bien, la fe católica es que veneremos a un solo Dios en la Trinidad, y a la Trinidad en la unidad; sin confundir las personas ni separar las sustancias. Porque una es la persona del Padre y el Hijo y otra (también) la del Espíritu Santo; pero el Padre y el Hijo y el Espíritu Santo tienen una sola divinidad, gloria igual y coeterna majestad. Cual el Padre, tal el Hijo, increado (también) el Espíritu Santo; increado el Padre, increado el Hijo, increado (también) el Espíritu Santo; inmenso el Padre, inmenso el Hijo, inmenso (también) el Espíritu Santo; eterno el Padre, eterno el Hijo, eterno (también) el Espíritu Santo. Y, sin embargo, no son tres eternos, sino un solo eterno, como no son tres increados ni tres inmensos, sino un solo increado y un solo inmenso. Igualmente, omnipotente el Padre, omnipotente el Hijo, omnipotente (también) el Espíritu Santo; y, sin embargo, no son tres omnipotentes, sino un solo omnipotente. Así Dios es el Padre, Dios es el Hijo, Dios es (también) el Espíritu Santo; y, sin embargo, no son tres dioses sino un solo Dios; Señor es el Padre, Señor es el Hijo, Señor (también) el Espíritu Santo; y, sin embargo, no son tres señores, sino un solo Señor; porque así como por la cristiana verdad somos compelidos a confesar como Dios y Señor a cada persona en particular; así la religión católica nos prohíbe decir tres dioses y señores. El Padre, por nadie fue hecho ni creado ni engendrado. El Hijo fue por solo el Padre, no hecho ni creado, sino engendrado. El Espíritu Santo, del Padre y del Hijo, no fue hecho ni creado, sino que procede".

"Hay, consiguientemente, un solo Padre, no tres padres; un solo Hijo, no tres hijos; un solo Espíritu Santo, no tres espíritus santos; y en esta Trinidad, nada es antes ni después, nada mayor y menor, sino que las tres personas son entre sí coeternas y coiguales, de suerte que, como antes se ha dicho, en todo hay que venerar lo mismo la unidad en la Trinidad que la Trinidad en la unidad. El que quiera, pues, salvarse, así ha sentir de la Trinidad".

"Pero es necesario para la eterna salvación creer también fielmente en la encarnación de nuestro Señor Jesucristo. Es, pues, la fe recta que creemos y confesamos que nuestro Señor Jesucristo, hijo de Dios, es Dios y hombre. Es Dios engendrado de la sustancia del Padre antes de los siglos, y es hombre nacido de la madre en el siglo: perfecto Dios, perfecto hombre, subsistente de alma racional y de carne humana; igual al Padre según la divinidad, menos que el Padre según la humanidad. Mas aun cuando sea Dios y hombre, no son dos, sino un solo Cristo, y uno solo no por la conversión de la divinidad en la carne, sino por la asunción de la humanidad en Dios; uno absolutamente, no por confusión de la sustancia, sino por la unidad en la persona. Porque a la manera que el alma racional y la carne es un solo hombre, así Dios y el hombre son un solo Cristo. El cual padeció por nuestra salvación, descendió a los infiernos, al tercer día resucitó de entre los muertos, subió a los cielos, está sentado a la diestra de Dios Padre omnipotente, desde allí ha de venir a juzgar a los vivos y a los muertos, y a su venida todos los hombres han de resucitar con sus cuerpos y dar cuenta de sus propios actos, y los que obraron bien, irán a la vida eterna; los que mal, al fuego eterno".

"Esta es la fe católica y el que no la creyere fiel y firmemente no podrá salvarse".

Después de leer este CREDO, nos encontramos cosas que vale la pena comentar.

Las primeras líneas que parecen ser como un proemio, expresan ideas verdaderamente importantes para nuestro futuro espiritual.

"TODO EL QUE QUIERA SALVARSE..." ¡Claro! El que quiera. ¡El que no quiera, allá él!

"ANTE TODO ES MENESTER QUE MANTENGA LA FE CATÓLICA".

Dice Jesús en el Evangelio de san Marcos: **"...el que crea y se bautizare se salvará..."** (16, 16).

"EL QUE NO LA GUARDE ÍNTEGRA **E** INVIOLADA, sin duda perecerá para siempre".

¡Por supuesto que sí! El que no la guarda ÍNTEGRA, es decir: TODA, no se puede llamar católico.

No es posible decirle al Señor: "voy a creer en esto, en esto y en esto, pero en todo esto no. ¿Eh?" No sé si haya salvajes capaces de expresarse en forma tan grosera, aunque de alguna manera así lo hacen sentir, a través de sus actitudes irrespetuosas ante Dios.

Sólo un insensato, alguien que no tiene normales sus facultades mentales, puede ponerle condiciones a Dios.

¿Qué es el hombre para atreverse a argüir, a replicar, a refutar las disposiciones de Dios?

Sólo un demente se lanza en contra de Dios. Sólo un loco se atrevería a desvirtuar las palabras del Señor para desviar las conciencias de los hombres.

Sólo la soberbia infinita de Satanás y de sus seguidores tendrían la osadía, el atrevimiento, la temeridad, de oponerse a la voluntad de Dios.

Jesús dice en el Evangelio de san Mateo 18, 6-7: *"...al que sea ocasión de pecado para uno de estos pequeños que creen en mí, más le valdría que le ataran una piedra de molino al cuello y lo arrojaran al fondo del mar..." "...Ay de aquéllos que sean ocasión de pecado en el mundo..."* (entiéndase por pequeños, no sólo a los niños, sino los sencillos, los poco cultos que son fáciles de engañar o seducir).

El Señor manifiesta en el Apocalipsis 22, 18-19: **"...Solamente advierto a todo el que escuche las palabras proféticas de este libro, SI ALGUNO AÑADE ALGO SOBRE ESTO, Dios echará sobre él las plagas descritas en este libro: SI ALGUNO QUITA ALGO A LAS PALABRAS PROFÉTICAS DE ESTE LIBRO, Dios le quitará su parte en el árbol de la vida y en la ciudad santa que se describen en este libro..."**

El CREDO es para aceptarse TODO, tal como está. No es para elegir lo que "me conviene" en forma totalmente arbitraria o para rechazar lo que "no me gusta". El CREDO es Palabra de Dios.

Ciertamente tenemos la libertad absoluta de aceptar o no lo que Dios nos propone. Él ha decidido darnos esa libertad. Sin embargo, hay que pensarlo bien, porque al final de nuestra vida tendremos que dar cuenta de nuestra administración.

> Dice el Señor en Apocalipsis 22, 12: *"...Mirad que vengo luego, y traigo conmigo mi galardón,* ***para compensar a cada uno según sus obras..."***

Siguiendo con el CREDO de san Atanasio, captamos ese repetir las ideas de una manera bastante reiterativa, insistente, como para dejar estereotipados en nuestra mente y en nuestro corazón los conceptos expresados.

Esa reiteración nos dice que eso es así, que no hay nada más que discutir, sino aceptar con humildad.

San Pablo señala en su carta a los romanos 11, 33: *"¡Oh abismo de la riqueza, de la sabiduría y de la ciencia de Dios! ¡Cuán insondables son tus designios e inescrutables tus caminos...!"*

Los CREDOS de uso común en la Iglesia Católica, son:

EL SÍMBOLO DE LOS APÓSTOLES, que se "reza" como oración y que es ante todo una profesión de fe. Es el Evangelio abreviado que desde los inicios de la predicación usó la Iglesia para llevar la Palabra de Dios a todos los pueblos, mostrando claramente la unidad de la fe.

En la actualidad, EL SÍMBOLO DE LOS APÓSTOLES sólo se "reza" en la cuaresma y en la pascua fuera de este tiempo litúrgico se utiliza el CREDO NICENO-CONSTANTINOPOLITANO, que es más explícito y detallado.

EL CREDO DE SAN ATANASIO o SÍMBOLO QUICUMQUE, que habla más particularmente de la Santísima Trinidad y de la Encarnación, se "reza" en algunos domingos a la Hora de Prima, en la Liturgia de las Horas.

Capítulo X

Verdades que duelen

En estos tiempos de raudo vivir, en que sentimos que el tiempo no nos alcanza para todo lo que tenemos que hacer, leer resulta para algunos una empresa casi imposible.

Entre aquellos que no les gusta la lectura, (se dice mucho que a los mexicanos no nos gusta leer) y otros que escogen sólo lecturas ligeras que entretienen y rompen el aburrimiento y las tensiones de la vida diaria, los temas serios e importantes de la vida se quedan desterrados en el olvido.

En los capítulos anteriores nos fuimos hasta el siglo primero de nuestra era, hace nada menos que dos mil años, y tratamos de hacer un poco de historia de cómo se originó EL CREDO que "rezamos" en nuestras Misas y que habla terminante y definitivamente de lo que creemos los católicos y que nos sirve como estructura interior para sostener nuestras convicciones.

Fue un viaje fugaz, muy rápido, sin detenernos a analizar detalles, todos ellos muy importantes y que merecen especial atención.

Pero así es. No hay tiempo. O ¿no nos lo queremos dar?

Buscamos, pues, seleccionar los puntos más importantes que nos permitan tener una idea escueta, pero suficiente, de cuál fue su origen, quién lo hizo, para qué se hizo, cómo se integró, qué problemas se opusieron, cuáles fueron las soluciones, etc.

Todo breve. En pocas palabras. No hay tiempo para más. Las obligaciones familiares y laborales lo absorben casi todo. Muchas veces se percibe con cierta amargura, "que no tenemos tiempo para vivir".

Sin embargo, si hiciéramos un recuento de la forma en la que empleamos nuestro tiempo, sucede lo mismo que si revisamos el uso de nuestro dinero, (que bien sabemos, nunca nos alcanza) y llegaremos a la cuenta que lo despilfarramos, uno y otro, en cosas superfluas y, en muchos casos inútiles, con el agravante de que, tratándose de dinero, podremos conseguir más con el procedimiento de trabajar horas adicionales, o reordenar su uso, y separar una parte de esos ingresos para iniciar un ahorro, disponible para las eventualidades que siempre nos presenta la vida. Pero con el tiempo no pasa lo mismo: ¡El tiempo que pasa no vuelve, ni se recupera!

El tiempo ES VIDA. Y la vida está formada por una sucesión de segundos, minutos, horas, días, meses, años de existencia. ¿Cuántos? Sólo Dios sabe la cantidad que nos ha asignado a cada uno de nosotros.

Nadie conoce cuál es el remanente de vida de que dispone. Sólo Dios.

Y resulta que la vida no es otra cosa que una sucesión de instantes que se precipitan sucesivos, incontenibles, inaplazables, que nunca se detienen. Forman una cadena de momentos fugaces que configuran el presente y que en el mismo segundo en que hacen su aparición, al siguiente, pasan a formar parte del pasado. Sólo queda el recuerdo grato o desdichado de ese momento.

Por eso. Porque la vida corre a una velocidad sorprendente, vertiginosa, debemos aprovecharla, porque el tiempo, que ES VIDA, se va para no volver.

Atendiendo a eso, este trabajo pretende traer ideas y conocimientos importantes y tratarlos en unas cuantas cuartillas, sin exigir del lector grandes porciones de su vida, sino la atención indispensable para captar lo que exponemos; para que lo haga suyo, para que lo guarde en las faltriqueras de su bagaje cultural salvándolo de la vorágine del tiempo, y de esta manera conseguir, que lo aprendido en el instante fugaz que se llama presente, se inmortalice en la memoria, para poder utilizarlo en el momento en que lo necesitemos.

Esa es la forma en que las ideas dejan de ser fugaces, para convertirse en duraderas y a veces eternas, cuando éstas nos sirven para ganar el cielo.

Así que, en unas cuantas líneas recorrimos dos mil años: Desde que Cristo Jesús nos dejó su inmejorable doctrina, que después fue divulgada por LOS DOCE y millones de apóstoles, que durante dos milenios de intensos trabajos y sacrificios, acosados por los enemigos que deseaban su exterminio, abrumados por las persecuciones que significaron el sacrificio de la vida de cientos de miles de mártires, agredidos traidoramente por las herejías, hicieron posible la cristianización de una gran parte de la humanidad.

La evangelización del mundo prosigue su marcha incontenible, en una acometida vigorosa e incansable, tratando de llegar al corazón de todos los hombres de la tierra. Y seguirá tras este objetivo hasta la consumación de los tiempos.

EL CREDO continúa cruzando ríos, selvas, mares, montañas y fronteras para lograr su objetivo. EL CREDO es el mismo que estableció Cristo Jesús y que se encuentra expresado en síntesis en unas cuantas líneas y que infinidad de voces en gran clamor han proclamado a lo largo de siglos, taladrando los oídos de multitud de indiferentes que se hacían sordos al llamado y que finalmente escucharon la Palabra y la pusieron en práctica.

En dos milenios, muchos han muerto, pero muriendo en la fe, viven ahora gozando de la gloria de Dios. Otros muchos millones seguimos luchando en la actualidad por nuestra perfección espiritual. Seguimos proclamando EL CREDO de Jesús y tratando de vivirlo con todo nuestro ser, para conseguir la vida eterna.

Cuando vino el Papa Juan Pablo II, allá por los ochentas, preguntó por el estado que guardaba la Iglesia Católica en México. En otras palabras: que cómo se estaba viviendo EL CREDO en nuestra patria.

Las autoridades eclesiásticas le informaron, entre otras cosas, que una gran mayoría está bautizada, pero que sólo el diez por ciento de los mexicanos asiste a Misa los domingos, aunque todos somos guadalupanos.

Esta idea nos conduce a pensar: EL CREDO se "reza" como oración, aunque es ante todo una profesión de fe. Se "reza" en la Misa dominical. Entonces ¿sólo lo "reza" el diez por ciento de los católicos?

Y ¿cómo lo "reza"? ¿Entusiasmado por lo que se recita? ¿Alegrándose del sentido que le imprime la pertenencia a la fe de nuestro Señor Jesucristo? ¿Abrazando con amor y sintiendo profundo fervor por cada uno de los artículos de fe que proclama, o sólo mecánicamente? ¿Por "encimita"? ¿Sin compromiso? ¿Como un texto que hay que recitar simplemente porque así lo dicta la liturgia?

¿Sin vivir intensa y gozosamente la realidad de las palabras que pronuncia el celebrante al finalizar la proclamación del CREDO?

> **"Esta es nuestra fe. Esta es la fe de la Iglesia que nos gloriamos en profesar, en Jesucristo nuestro Señor".**

¡Una proclamación pobre, vaga, desabrida, sin alegría, con la amargura de la indiferencia!

¿Y el noventa por ciento que no va a Misa nunca lo "reza"? ¿Nunca repite su protesta de fidelidad a esas verdades de fe? ¿Dónde quedó su Bautismo? Después de ese abandono ¿todavía se sabe EL CREDO o sólo lo repite (en las raras veces que va) ayudándose con la hoja que le entregaron para seguir la Misa, porque YA SE LE OLVIDÓ?

¿Están bautizados, tal vez confirmados, e hicieron la Primera Comunión Y YA? ¿ESO FUE TODO?

¿Verdad que duele?

¡Con razón el papa Juan Pablo II dijo que se necesitaba una nueva evangelización!

Esto no puede seguir así. No se puede vivir un catolicismo tan empobrecido, tan olvidado, tan frío, en agonía.

Tenemos que vitalizarlo, inyectarle la presencia de Dios que es la verdad y la vida, para volver a sentir el gozo de pertenencia a la Iglesia de Dios y vivir en plenitud.

Para eso vamos a profundizar los artículos del CREDO, para darnos cuenta que no son sólo teorías imaginadas, sino que se trata de realidades fundamentadas en las Sagradas Escrituras, que son la Palabra de Dios.

Para sentir cada vez que lo proclamamos, que los ecos lejanos de la voz cariñosa de nuestro Señor Jesucristo, cuando predicaba a lo largo de la Palestina, hace dos mil años, llegan muy claros a nuestros oídos y a nuestro corazón invitándonos, como entonces, a seguirlo a lo largo de nuestra vida.

Esto fortalecerá nuestra confianza de que estamos en la verdad. Que se trata de EL CREDO de ayer, de hoy y de siempre, porque eso es exactamente Jesús de Nazaret:

JESÚS AYER, JESÚS HOY, Y JESÚS SIEMPRE.

Capítulo XI

La Biblia, fuente de donde emerge el credo

No vamos a hacer teología. Dejemos esa tarea para los que saben. Sólo trataremos de comprobar que EL CREDO se encuentra contenido en la Biblia. No son invenciones ni doctrina que no haya enseñado nuestro Señor Jesucristo. EL CREDO lo podemos encontrar en las páginas de la Biblia, porque de allí procede. Y recordemos que la Sagrada Escritura es la piedra angular que sostiene nuestra fe y, por lo tanto, nos permite con certeza y confianza absoluta, proclamar gozosamente las verdades de nuestro CREDO cristiano.

Al principio señalábamos que EL CREDO había sido dividido en doce artículos y que de esta manera podríamos estudiarlo y comprenderlo mejor. Tendremos que profundizar cada uno de estos artículos, para entender su significado.

Su contenido doctrinal es lleno, denso. Entre renglón y renglón, entre palabra y palabra hay un mundo de ideas que se esfuman cuando pasamos por encima de ellas sin ninguna reflexión y, consecuentemente, sin ningún beneficio espiritual. Son ideas que si se "rezan" automática y estérilmente, se desvanecen lastimosamente en la nada.

"Rezar" EL CREDO tiene que ser una acción creadora y fortificante. No sólo es repetir palabras leídas en la memoria en un acto inconsciente, instintivo y maquinal, sino respaldarlas con un asentimiento meditado, razonado, en que a la vez que protestamos nuestra adhesión a Dios nuestro Señor, le agradecemos que nos permita tener la capacidad de discernir y aceptar sus verdades por la acción del Espíritu Santo.

Porque como dice Jesús en Juan 14, 26: *"...Pero el Espíritu Santo que el Padre enviará en mi nombre, OS ENSEÑARÁ TODO ESTO Y OS RECORDARÁ TODO CUANTO OS HE DICHO A VOSOTROS..."*

San Pablo escribió en 1 Co 12, 3: *"...Y nadie puede decir '¡Jesús es el Señor!' sino movido por el Espíritu Santo..."*

Para ello vamos a seguir el texto del SÍMBOLO DE LOS APÓSTOLES, comentando las ampliaciones que se registran en el NICENO-CONSTANTINOPOLITANO.

ARTÍCULO PRIMERO.- "Creo en Dios, Padre Todopoderoso, Creador del cielo y de la tierra"

Como decíamos arriba: No pasemos por encima de las ideas sin dedicarles un poco de nuestro tiempo. Sería fatal.

Empezaremos por razonar un poco sobre lo que significa la palabra CREO.

Creer es un firme sentimiento y conformidad, en este caso, con una verdad de fe. No se trata sólo de saber, de conocer, de tener noticias de esa verdad, sino después de haberla razonado darle nuestra adhesión, considerando que se trata de una verdad inobjetable.

Dirán algunos: "es que no puedo creer lo que no veo y entiendo". Pretextos. Le huyen al compromiso.

El que no se pueda ver y entender una verdad, no por eso se convierte en mentira. Pero hay que tomar en cuenta que existen muchos recursos para disipar las dudas que podamos tener; sólo basta un análisis cuidadoso, pero sobre todo sincero, con rectitud de corazón, para llegar a una buena conclusión.

Cuando somos bautizados nuestro Señor nos regala la fe que es, como dice el Catecismo de la Iglesia Católica en el No. 176:

> "La fe es una adhesión personal del hombre entero a Dios que se revela. Comprende una adhesión de la inteligencia y voluntad a la Revelación que Dios ha hecho de sí mismo mediante sus obras y sus palabras".

Al recibir este regalo en el Bautismo, estamos capacitados por la acción del Espíritu Santo para aceptar la doctrina del Señor Jesús, con toda confianza y seguridad, por venir de quien viene.

San Pablo señalaba en 2 Tim 1, 12*: "...Yo sé en quién he puesto mi confianza..."*

Y la fe no pone condiciones para creer. Sabiendo que la doctrina viene de Jesús, sabemos que es la verdad. ÉL no miente. Es Alguien en quien podemos confiar plenamente. Y porque viene de Jesús, es SU PALABRA, y simplemente creemos consciente y libremente lo que nos propone.

Creer en lo que Jesús nos enseña, no implica solamente saberlo y ya, sino aceptar con todo nuestro amor su voluntad y PONER EN PRÁCTICA lo que nos pide.

El apóstol Santiago nos dice en su Carta Católica 2, 20: *"...¿Quieres saber tú, insensato, que LA FE SIN OBRAS ES ESTÉRIL...?"*

Creer es aceptar sin condiciones la voluntad de Dios que se encuentra expresada en el Evangelio y cumplirla como ÉL lo espera, no como a nosotros se nos antoje. Esa será la prueba de que de veras lo amamos.

a.- CREO EN DIOS

Creer en la existencia de Dios, es algo aceptado y sostenido por toda la humanidad a lo largo de los siglos. Basta con leer un poco la historia de todos los pueblos que han existido en la tierra, para descubrirlo con toda sencillez y sin necesidad de más explicaciones, porque todo se muestra en una forma por demás evidente.

Se le ha dado culto de diversas maneras. Se le han puesto muchos nombres. Pero en resumidas cuentas es la misma idea de un ser todopoderoso creador de todas las cosas, de quien recibimos todo. La idea de Dios vive en los corazones de todos los hombres.

El ateísmo, o sea, "los que no creen" en la existencia de Dios, es la actitud de una minoría insignificante en el mundo de hoy, y se puede pensar con certeza, que allá, en lo íntimo de sus conciencias, aunque se empeñen en negarlo, piensan en Dios.

Leemos en el Salmo 14 (13): *"...Dice en su corazón el insensato: '¡No hay Dios!' ".*

En muchos de los casos se trata simplemente de una pose ante los demás, para ser "diferente" al común de los mortales. Para "vivir plenamente en el modernismo y no en el oscurantismo", –dicen llenos de suficiencia–. Para mostrarse como invulnerables a "los prejuicios de los ignorantes", amén de otra enorme multitud de zarandajas y rídiculos pretextos semejantes.

Pero en realidad se trata de una actitud hipocritona, buscando su justificación ante los demás, por la vida ostensiblemente licenciosa o mañosamente disimulada, que oculta tras bambalinas la realidad de su vida, cuando no, bajo una careta de honradez que no engaña a nadie.

Además, frecuentemente se trata de la manifestación clara de una soberbia inaudita, que los hace sentirse omnipotentes y preponderantes sobre todos los mortales, apoyados por el poder, el dinero o la fama, que integran la constelación de los endebles diosecillos de su vida. ¡Qué paradoja!

Lo que es verdaderamente preocupante, es la existencia de los ateos prácticos. Estos son los que saben muy bien que Dios existe, pero viven como si no existiera. Hacen lo que se les da la gana, sin ningún respeto ni consideración a Dios. ¡Los hay en grandes cantidades! Casi todos bautizados, confirmados y hecha la Primera Comunión. ¡Qué lamentable! Nos toca a los convencidos recordarles que Dios los tiene muy presentes a cada uno, a pesar de su desconsiderado olvido, y que ya es tiempo de tomarlo en cuenta, mientras se tiene la vida.

El CREDO NICENO-CONSTANTINOPOLITANO nos dice que además de creer en Dios tenemos que precisar que EN UN SOLO DIOS y nada más.

Claro que creemos en UN SOLO DIOS. Así lo señala la Biblia en muchos de sus textos, y la Biblia encierra las dulces y verdaderas revelaciones que Dios nos hace para que sepamos de ÉL, y creamos en ÉL. Veamos:

> *"...Escucha ¡oh Israel!: El Señor es nuestro Dios, el Señor ES UNO..."* (Dt 6, 4).

> *"...Y todos los pueblos de la tierra reconocerán que el Señor es Dios Y FUERA DE ÉL NO HAY OTRO..."* (1 Reyes 8, 60).
> Cuando Yahvé le dio los Diez Mandamientos a Moisés, el primero fue: *"...No tendrás otros dioses enfrente de mi..."* (Ex 20, 3).
> *"... Yo soy Yahvé, no hay ningún otro; fuera de mi NINGÚN OTRO DIOS EXISTE..."* (Is 45, 5).

Existen otros muchos textos tan terminantes como éstos, pero seremos breves.

b.- PADRE

Es fácil aceptar la paternidad de Dios, puesto que de él hemos recibido la vida y todo lo que somos y tenemos.

Pero ¿cómo admitir la dichosa verdad y el inmenso honor de ser sus hijos, sin descubrir en ello el gran amor de Dios por el hombre?

Encontrémoslo en estos textos reveladores:

> Yahvé le dice a Moisés lo que debe decirle al faraón: *"...Y dirás al faraón: Israel es MI HIJO, MI PRIMOGÉNITO. Por eso te digo: Deja salir A MI HIJO para que me dé culto..."* (Ex 4, 22).

Cuando los apóstoles le piden a Jesús que los enseñe a orar, el Señor les dice: *"...Vosotros orad así: Padre NUESTRO que estás en los cielos..."* (Mt 6, 9) (Lc 11, 2).

Jesús aconseja en Mt 5, 44-48: *"...Amad a vuestros enemigos para que seáis HIJOS DE VUESTRO PADRE CELESTIAL, que hace salir su sol sobre malos y buenos. Vosotros, pues, sed perfectos como es perfecto VUESTRO PADRE CELESTIAL..."*

San Pablo nos dice en Ro 8, 15-17: *"...Pues no recibisteis un espíritu de esclavos para recaer en el temor, sino que habéis recibido EL ESPÍRITU DE ADOPCIÓN DE HIJOS en virtud del cual clamamos: ¡ABBÁ, PADRE! Y siendo HIJOS, somos también herederos de Dios, y coherederos con Cristo..."*

c.- TODOPODEROSO, CREADOR DE CIELOS Y TIERRA

Le basta al hombre comprobar esta frase del CREDO, observando las maravillas del universo en que vivimos, que son Su obra.

¿Alguna vez te has asomado por un telescopio para ver las prodigiosas obras creadas por Dios? ¿Descubrir sus millones de galaxias y soles, planetas y constelaciones, y esas profundidades abismales, inmensas, del espacio sideral, que nos estremecen de admiración?

Hazlo. Todo ello habla de Dios, de su poder y de su gloria.

La Biblia habla en el mismísimo primer texto, de la maravillosa obra de Dios al crear el universo. Gn 1, 1:

> *"...EN EL PRINCIPIO DIOS CREÓ EL CIELO Y LA TIERRA..."*
>
> Salmo 148, 5: *"...ÉL lo dijo y se hizo. Mandó y las cosas fueron creadas..."*
>
> Marcos 10, 27: *"...Jesús mirándolos fijamente dijo: 'Para los hombres es imposible, mas no para Dios, porque todo es posible para Dios...' "*
>
> Mateo 8, 27: *"...¿Quién es éste al que los vientos y el mar obedecen...?"*

d.- DE TODO LO VISIBLE Y LO INVISIBLE

EL CREDO Niceno-Constantinopolitano amplía la idea de la creación a todo lo que existe, visible o invisible. Dios es creador de todo lo que se ve y también de lo que no se ve.

El hombre se da cuenta por su propia experiencia, que no todo se reduce al maravilloso universo creado por Dios y que lo entregó al hombre para que lo disfrutara y lo administrara y conservara.

También percibe que hay otras cosas que no pertenecen al mundo terreno y que no están al alcance del hombre. Se encuentran en otra dimensión. No se ven pero existen.

Dice el padre Salvador Carrillo Alday en su libro "Los Misterios de la Prehistoria" (pág. 64), refiriéndose a Adán y Eva:

> "Antes del pecado (la desobediencia a Dios) existía una amistad íntima y una confianza mutua entre Dios y el hombre. Pero la falta vino a perturbar radicalmente estas relaciones estrechas y el hombre siente ahora en su conciencia la ruptura de la amistad..."

O sea, Adán y Eva "conversaban familiarmente con su Creador". Tienen muy clara la experiencia de la existencia de Dios. Cultivaban una amistad muy cercana con ÉL y llegan a deplorar la ruptura de esa amistad y la ausencia de los coloquios íntimos que tenían.

La expulsión del Paraíso los coloca en una instancia completamente distinta. Se acabó el Edén de las delicias, la paz y la felicidad, y ahora, hay que sufrir las consecuencias de su pecado.

Pero Dios no abandona al hombre, sigue muy al pendiente de él y se comunica en muchas ocasiones, como lo leemos en las Sagradas Escrituras a lo largo de sus páginas. Sólo mencionaremos unas pocas como muestra:

Con Caín, para preguntarle por la suerte de su hermano Abel: Gn 4, 9.

Con Abraham, cuando le anuncia que lo hará cabeza de una nación grande: Gn 12, 1-3.

> Le promete la tierra de Canaán: Gn 15, 7.
> Dios hace un pacto con Abraham: Gn 17, 1-22.

Con Isaac. Dios le ratifica a él las promesas hechas a Abraham, su padre. Gn 26, 1-5.

Con Jacob, cuando en sueños le *revela "...Una escala fija en la tierra cuyo remate tocaba el cielo y ángeles de Dios que subían y bajaban por ella..."* Gn 35, 10-13.

Con Moisés, en el Sinaí, el Señor Dios le revela su nombre: **YO SOY,** Ex 3, 14.

Y habló Dios con el profeta Isaías, con Jeremías, con Ezequiel y todos los profetas, y por Jesucristo a los judíos de su tiempo y a todos los hombres del mundo de todas las épocas, a través de su Evangelio.

Sería prolijo seguir enumerando todas las citas en las que Jesús habla de su Padre, de su reino, de sus ángeles, que no vemos, pero que existen.

Por lo tanto, terminaremos este punto con un texto que muestra a las claras esas revelaciones a los hombres, mostrando el mundo invisible del reino de los cielos.

> **"...Yo, Juan, hermano de ustedes, con quienes comparto por amor a Jesús el sufrimiento y la espera paciente del reino, me encontraba deste-**

rrado en la isla de Patmos por haber anunciado la palabra de Dios y haber dado testimonio de Jesús. Caí en éxtasis un domingo y oí detrás de mí una voz fuerte como de trompeta, que decía: Escribe en un libro lo que estás viendo y mándalo a estas siete iglesias: a Éfeso, Esmirna, Pérgamo, Tiatira, Sardes, Filadelfia y Laodicea.

Me di vuelta para mirar de quién era la voz que me hablaba, y al hacerlo vi siete candelabros de oro, y en medio de los candelabros una especie de figura humana que vestía larga túnica y llevaba una faja de oro a la altura del pecho. Los cabellos de su cabeza eran blancos como la lana y como la nieve; sus ojos eran como llamas de fuego; sus pies como bronce en horno de fundición, y su voz como estruendo de aguas caudalosas. Tenía en su mano derecha siete estrellas; de su boca salía una espada cortante de doble filo y su rostro era como el sol cuando brilla con toda su fuerza. Cuando lo vi, me desplomé a sus pies como muerto, pero él puso su mano derecha sobre mí, diciendo:

No temas; yo soy el primero y el último; yo soy el que vive. Estuve muerto pero ahora vivo para siempre y tengo en mi poder las llaves de la muerte y del abismo. Escribe, pues, lo que viste, lo que está sucediendo y lo que va a suceder después de todo esto..." (Ap 1, 9-19).

ARTÍCULO SEGUNDO DEL CREDO: "...Creo en Jesucristo, su único Hijo, Nuestro Señor..."

a.- CREO EN JESUCRISTO

En pleno siglo XXI, hay muchos que niegan la existencia real de Jesucristo nuestro Señor y dicen que todo se reduce a una bonita historia.

Lo de siempre. Aquellos que quieren hacerse los muy originales acaban por fracasar estrepitosamente cayendo en el más espantoso de los ridículos. Además, de originales no tienen nada.

Ya en el primer siglo de nuestra era lo negaban en diversas formas los herejes, y los que lo niegan ahora no son sino los herejes del tercer milenio o los discípulos nuevos que ha reclutado Satanás para que lo ayuden a engañar, a desorientar, y finalmente a perder, a los que no cuidan la pureza de su fe, ni se interesan por fortalecerla, cayendo con ello fatalmente en la trampa.

Así que estamos hablando de simples incrédulos, completamente comunes y ordinarios, que nunca podrían fundamentar sus teorías con argumentos verdaderamente serios y sustentables, porque todo se reduce a palabrería vacía soportada por la ignorancia y la estulticia.

¿Por qué son así? Ya lo dijimos: buscan notoriedad. Evadirse de las normas que predicó Jesús en su Evangelio. Sentirse exentos de ellas y, consecuentemente, vivir como se les da la gana.

¡Ah! Y la eterna soberbia arraigada en su corazón que farfulla: "a mí nadie me dice cómo tengo que comportarme".

Y con todo esto, lo único que han conseguido es exhibir su inmensa ignorancia.

La historia, no sólo la eclesiástica sino la profana, habla de un personaje famoso que vivió hace dos mil años, cuya importancia fue tal, que sin mencionar la trascendencia y grandeza de su doctrina, su presencia en el mundo determinó separar la historia en dos bloques: antes de Cristo y después de Cristo.

Por otra parte, muchos ilustres pensadores, más importantes que nosotros, hablan de Jesucristo con tal certidumbre, que no queda la menor duda de su presencia real en la tierra.

Se habla de Jesucristo, su vida y su obra en los Evangelios. Y si abres la Biblia, encontrarás desde su inicio, múltiples revelaciones de su existencia, y a lo largo de todas sus páginas, reiteradas noticias de Su Persona. Por eso alguien comentó:

> "La Biblia no es un libro. Es una Persona: Cristo Jesús".

Estas son las fuentes de información de casa, pero los paganos e incrédulos también hablan de Jesucristo, ratificando su existencia. Ejemplos:

TÁCITO.- Maestro de la prosa latina. Procedente de una familia senatorial romana, por supuesto idólatra, relata en su obra ANALES, en el primer siglo de nuestra era, la atroz persecución iniciada por Nerón a raíz del incendio de Roma y señala:

> "Este nombre de cristianos les viene de CRISTO entregado al suplicio por el procurador romano Poncio Pilato, bajo el gobierno de Tiberio. Esta detestable superstición, reprimida al principio, penetraba de nuevo no sólo en Judea, DONDE EL MAL HABÍA NACIDO, sino también en Roma a donde afluye encon-

trando numerosos partidarios, cuanto hay de execrable y deshonroso" (Anales XV, 44).

Tertuliano escribió a propósito de Tiberio, "que Jesucristo había impresionado tanto al emperador, que éste quería incluirlo en el catálogo de sus dioses".

SUETONIO.- Historiador romano, idólatra como otros, escribió en su obra LOS DOCE CÉSARES, en la vida de Claudio, XXV 3-4: "El emperador expulsó a los judíos de Roma por los disturbios que causaban a causa de un tal 'CRESTO' (CHRISTUS)".

PLINIO EL JOVEN.- Vivió en el primer siglo de nuestra era. Era escritor y abogado. Escribió el "Panegírico a Trajano", el gran perseguidor del cristianismo. Y en sus escritos menciona a los cristianos de Bitinia (región del noroeste de Asia Menor), que en sus funciones religiosas entonaban cantos a CRISTO, como si fuera un Dios.

FLAVIO JOSEFO.- Escritor judío. En "Antigüedades Judaicas", también habla de Jesucristo.

Hasta el TALMUD, una de las obras más importantes del judaísmo, se encuentran alusiones a la existencia histórica de nuestro Señor Jesucristo y del fuerte influjo que tuvo entre el pueblo.

Sus mismos enemigos, los que negaron su divinidad, confiesan que Jesús vivió en este mundo y hasta llegan a proclamarlo como: "el hombre más perfecto que ha vivido en la tierra".

Así, pues, todo se reduce a la poca ilustración que tienen, y eso se quita estudiando, y escudriñando la historia. No se necesita una proeza para creer en la existencia de Jesucristo, sino sólo instrucción, buena voluntad y rectitud en el juicio. El resto lo pone el Espíritu Santo.

b.- SU ÚNICO HIJO, NUESTRO SEÑOR

EL CREDO Niceno-Constantinopolitano dice: "Creo en un solo Señor; Jesucristo, Hijo único de Dios".

Creer en "un solo Señor, Jesucristo", es creer en un solo Dios. Ya vimos en capítulos anteriores que Señor se traduce del hebreo YHWH al griego *Kirios* o sea, Señor, y es el nombre más habitual para designar a Dios por el pueblo de Israel.

Por tanto, creemos en un solo Dios, Jesucristo, que es EL SEÑOR = DIOS. Y también creemos que es "Hijo ÚNICO" de Dios, "Unigénito", como lo dice Jesús al fariseo Nicodemo, (Juan 3, 16):

> *"Porque Dios amó de tal manera al mundo, que entregó A SU HIJO UNIGÉNITO..."*

En otro texto, Jesús les pregunta a sus discípulos: "Según ustedes ¿Quién soy yo?" San Pedro le responde: *"...TU ERES EL CRISTO, EL HIJO DE DIOS VIVO..."* (Mt 16, 16).

Si. Pedro confiesa que Jesús es *"EL HIJO DE DIOS VIVO".*

¿Cuál hijo? "El ÚNICO HIJO". No hay otro hijo ni otro Jesucristo.

Cuando Cristo fue bautizado en el río Jordán por el Bautista, relata Marcos en 1, 11, que se escuchó una voz del cielo que dijo: *"TU ERES MI HIJO amado, en ti me complazco".*

Jesús, Hijo único de Dios y además Señor y Dios nuestro.

En Hechos 2, 36 leemos: *"...Sepa, pues, con certeza toda la casa de Israel, que Dios ha constituido SEÑOR Y CRISTO a este Jesús, a quien vosotros habéis crucificado..."*

Finalmente, el mismo Jesús lo afirma en este texto de Juan 3,18: *"...El que cree en ÉL no será condenado; por el contrario, el que no cree en ÉL, ya está condenado, por no haber creído en el HIJO ÚNICO DE DIOS..."*

Basta con eso.

Y AGREGA EL CREDO NICENO-CONSTANTINOPOLITANO, para derrumbar herejías:

> "...NACIDO DEL PADRE ANTES DE TODOS LOS SIGLOS..."

Leemos en Génesis 1, 26: *"...y por fin dijo: Hagamos al hombre a imagen y semejanza NUESTRA..."*

¿Hagamos? ¿Quién y quién? ¿Dios y quien más?

La respuesta la encontramos en Juan 1-3:

> *"...En el principio YA EXISTÍA LA PALABRA (Cristo) y la Palabra estaba junto a Dios, y LA PALABRA ERA DIOS... Ya al principio ELLA estaba junto a Dios. Todo fue hecho por ELLA y sin ELLA no se hizo nada de cuanto llegó a existir..."*

Así, pues, en el principio, cuando no había nada, EXISTÍA DIOS, que "creó el cielo y la tierra" y "LA PALABRA (Cristo), que ES DIOS, y ESTABA EN DIOS", CREARON TODO. Como dice el texto arriba: *"...Todo fue hecho por ELLA (LA PALABRA)..."*

Consecuentemente, Dios, en unidad con el Hijo (la Palabra) y el Espíritu Santo, que dice Génesis en 1, 2 *"...EL ESPÍRITU DE DIOS, aleteaba sobre las aguas..."*, crearon el cielo y la tierra, y ya existían antes de la creación. Por eso dice EL CREDO: "Nacido del Padre antes de todos los siglos". EL PADRE, EL HIJO Y EL ESPÍRITU SANTO SON ETERNOS.

Y amplía EL CREDO Niceno-Constantinopolitano:

"DIOS DE DIOS, LUZ DE LUZ, DIOS VERDADERO DE DIOS VERDADERO"

1.- Dios de Dios:

Los siguientes textos son muy reveladores:

"...Como el Padre que me envió posee la vida y YO VIVO CON ÉL, así también el que me coma vivirá por mí..." (Jn 6, 56).
"...Yo sí lo conozco PORQUE VENGO DE ÉL (el Padre) y es ÉL QUIEN ME ENVIÓ..." (Jn 7, 29).
"...EL QUE ME ENVIÓ (el Padre) ESTÁ CONMIGO y no me ha dejado solo, porque yo hago siempre lo que le agrada..." (Jn 8, 29).

2.- Luz de Luz:

"...Levántate, ¡oh Jerusalén!; resplandece que HA LLEGADO TU LUZ, y la gloria de Yahvé sobre ti ha amanecido..." (Is 61, 1).
"...Tu eres Yahvé, MI LÁMPARA, mi Dios que ALUMBRA mis tinieblas..." (Salmo 18 (17), 29).
Dice el Señor Jesús en Jn 8, 12: *"...Yo SOY LA LUZ DEL MUNDO. El que me sigue no caminará a oscuras, sino tendrá LA LUZ de la vida..."*

3.- Dios verdadero de Dios verdadero:

Palabras de Jesús al apóstol Tomás: *"...Yo soy el Camino, la VERDAD y la Vida. Nadie va al Padre sino por mi..."* (Jn 14, 6).

> *"...Escucha, ¡oh Israel!: El Señor Dios nuestro ES EL SOLO Y ÚNICO Dios y Señor..."* (Dt 6, 4).

Creo que está claro. Si el solo y único Dios es Luz, Verdad y Vida, Jesucristo y el Espíritu Santo que son UNO con el Padre, son también Luz, Verdad y Vida.

Una nueva ampliación de conceptos explicando con más claridad el misterio de la Santísima Trinidad, tendiente a desenmascarar las mentiras y las herejías, nos dice EL CREDO Niceno-Constantinopolitano:

> "ENGENDRADO, NO CREADO, DE LA MISMA NATURALEZA DEL PADRE, POR QUIEN TODO FUE HECHO".

a.- Engendrado

Y en la Biblia, depósito de las revelaciones amorosas de Dios a los hombres, encontramos:

> *"...Así también Cristo no se apropió de la gloria de ser sumo sacerdote, sino que se la confirió Dios, quien dijo: TU ERES MI HIJO, YO TE HE ENGENDRADO HOY..."* (He 5, 5).

Y leemos en el Salmo 2, 7-8:

> *"...Voy a proclamar el decreto del Señor; ÉL me ha dicho: Tú eres mi Hijo, YO TE ENGENDRÉ HOY. Pídemelo y te daré las naciones por herencia, en propiedad todos los países del mundo..."*

b.- No creado

¡Claro que no fue creado. Jesús ES UNO con el Padre.

Entonces, si Jesús ES UNO con El Padre, es Dios, y Dios no tiene principio ni fin. Es eterno. Jesús es creador con el Padre y con el Espíritu Santo, como ya quedó asentado arriba.

Dice san Pablo en 1Co 1, 24: *"...Cristo es Poder de Dios y Sabiduría de Dios..."*

c.- De la misma naturaleza del Padre

Jesús habla en el Evangelio de Juan diciendo:

> *"...EL QUE ME VE A MI, VE AL PADRE. ¿No crees que YO ESTOY EN EL PADRE Y EL PADRE EN MI? Es EL PADRE QUE VIVE EN MI el que está realizando su obra..."* (Jn 14, 9-10).

Suficiente.

d.- Por quien todo fue hecho

Con lo dicho arriba, queda contestado este punto.

Continuamos con las ampliaciones realizadas en EL CREDO Niceno-Constantinopolitano.

e.- "Que por nosotros, los hombres, y por nuestra salvación bajó del cielo"

Estas ideas como en los casos anteriores, las encontramos en la Sagrada Escritura.

> Filipenses 3, 20: *"...Pero nosotros somos ciudadanos del cielo, de donde esperamos COMO SALVADOR AL SEÑOR JESUCRISTO..."*
> 1Tim 1, 15: *"...Es cierta y digna de ser aceptada por todos esta afirmación: CRISTO VINO AL MUNDO A SALVAR A LOS PECADORES..."*
> Lc 2, 10-11: *"...Pero el ángel les dijo: (a los pastores) No teman pues les anuncio una gran alegría, que lo será para ustedes y para todo el pueblo. LES HA NACIDO HOY, EN LA CIUDAD DE DAVID, UN SALVADOR, QUE ES EL MESÍAS, EL SEÑOR..."*
> Jesús expresa en Juan 6, 40: "...Porque esta es la voluntad de mi Padre, que TODO EL QUE VEA AL HIJO Y CREE EN ÉL TENGA LA VIDA ETERNA Y QUE YO LO RESUCITE EL ÚLTIMO DÍA..."

Creo que es suficiente.

ARTÍCULO TERCERO DEL CREDO: "Fue concebido (Jesucristo) por obra y gracia del Espíritu Santo y nació de Santa María Virgen"

Aquí nos toca reflexionar un poco en el gran misterio de la Encarnación del Verbo de Dios.

Cuando se habla de misterio, no podemos decir que por inexplicable o porque está más allá de nuestras capacidades para entenderlo, que es algo absurdo.

Los enemigos de la Iglesia todo lo quieren reducir a conceptos racionales. Quieren racionalizar hasta a Dios. ¡Cuánta soberbia! ¡Cuánta petulancia! Se creen muy sabios y con lo que tienen no les alcanza para nada.

Necesitamos aceptar que ni la inteligencia más brillante de este mundo puede concebir en su mente una imagen precisa de lo que es Dios y de lo que son sus designios.

Cuando nos cautiva la sabiduría de los hombres en sus concepciones teóricas o en sus realizaciones y descubrimientos científicos, y hasta calificamos a algunos de ellos como portentosos, se despierta en nosotros una gran admiración que nos deja estupefactos. Pero tendremos que admitir que lo sorprendente radica en que se trata de logros que están muy por encima de aquello que sabemos y conocemos, y por lo tanto, nos maravilla todo lo que nos sobrepasa, que va más allá de nuestros límites.

Pero aun así de sorprendentes, debemos aceptar que se trata de logros meramente humanos, que aunque indiscutiblemente valiosos y admirables, no debemos olvidar que sólo son un reflejo infinitamente pequeño de la inconmensurable sabiduría de Dios y reconocer que lo logrado ha sido conseguido por el empeño, la constancia y la dedicación del hombre, pero que la sabiduría y la acción del Espíritu Santo fueron determinantes para hacer posibles estos avances de la civilización humana, como una gracia especial de la Providencia de Dios.

No podemos hablar de las cosas de Dios, sino a la manera de los hombres y con las limitaciones que nos imponen las experiencias humanas que hemos tenido.

Por lo tanto, los misterios que nos plantea la fe, no debemos considerarlos absurdos por el solo hecho de no comprenderlos. Dejemos la soberbia a un lado y humildemente reconozcamos que no todo está al alcance de nuestra capacidad humana. Pero eso sí. De que es verdad lo que se nos propone, no tengamos la menor duda, porque está respaldado por la Palabra de Nuestro Señor Jesucristo, que es la Verdad y la Vida.

Recordemos ese pasaje que leemos en Apocalipsis 1, 9-20, en el que Juan el apóstol relata la visión que tuvo de Cristo Jesús resucitado y glorioso en el cielo, y que fue demasiado para él, al grado que nos dice: "...Así que le vi, caí a sus pies como muerto..." y todo lo describe con balbuceos, porque no encuentra las palabras adecuadas para describirlo.

Es allí donde entra la fe, que es un acto humano que el Espíritu Santo nos permite realizar, en razón directa de nuestra recta intención y sinceridad del corazón.

Volviendo al CREDO, veamos cómo se revela la Encarnación del Hijo de Dios, Jesucristo, en la Biblia:

a.- "Fue concebido (Jesucristo) por obra y gracia del Espíritu Santo"

La primera profecía sobre el Mesías que nos enseña la Sagrada Escritura, se encuentra prácticamente en el inicio. En sus primeras páginas, (Gn 3, 15). Allá, con Adán y Eva en el Paraíso Terrenal, a raíz del famoso Pecado Original, Yahvé lo anuncia.

Lo anuncia, también, en Números 24, 17, en Deuteronomio 18, 15 y 18-19. Igualmente lo proclaman muchos de los Salmos, así como en innumerables textos los Profetas, especialmente Isaías.

En suma, a lo largo de las páginas del Antiguo Testamento nos encontramos abundantes anuncios de SU llegada.

El Pueblo de Israel tenía muy presente esta profecía y esperaba con inmenso anhelo su realización.

Y pasados muchos siglos, como dice san Pablo en Gálatas 4, 4-5: *"...Pero cuando llegó la plenitud de los tiempos, Dios envió a su propio Hijo, NACIDO DE UNA MUJER, nacido bajo el dominio de la ley, para liberarnos del dominio de la ley y hacer que recibiéramos la condición de hijos adoptivos de Dios..."*

San Lucas relata en el pasaje de la Anunciación del ángel Gabriel a la Virgen María:

> *"...El ángel respondió y le dijo: EL ESPÍRITU SANTO VENDRÁ SOBRE TI Y EL PODER DEL ALTÍSIMO TE CUBRIRÁ CON SU SOMBRA. Por eso el que va a nacer será Santo y se llamará Hijo de Dios..."* (Lc 1, 35).

San Mateo nos dice que un ángel del Señor se le apareció a José en sueños y le dijo:

> *"...José hijo de David, no temas aceptar a MARÍA como tu esposa, pues el hijo que espera VIENE DEL ESPÍRITU SANTO"* (Mt 1, 20).

b.- "Se encarnó de María la Virgen y se hizo hombre"

> Lc 1, 26-33: *"...En el mes sexto fue enviado por Dios el ángel Gabriel a una ciudad de Galilea, por nombre Nazaret, a una virgen desposada con un varón llamado José, de la casa de David. EL NOMBRE DE LA VIRGEN, MARÍA. Entró donde ella estaba y dijo: 'alégrate llena de gracia. El Señor es contigo'. Ella se turbó con esta salutación y pensaba qué significaría semejante saludo. El ángel le dijo: 'No temas María, porque has hallado gracia delante de Dios y VAS A CONCEBIR EN TU SENO Y DARÁS A LUZ UN HIJO, A QUIEN PONDRÁS POR NOMBRE JESÚS. Él será grande y se llamará Hijo del Altísimo y el Señor Dios le dará el trono de David, su padre...' "*

Lc 2, 4-7: *"...Subió también José desde Galilea, de la ciudad de Nazaret, a Judea, a la ciudad de David, que se llama Belén, porque él era de la casa y familia de David, para inscribirse CON MARÍA, su esposa, QUE ESTABA ENCINTA. Y aconteció que mientras estaban ellos allí, se cumplieron los días del alumbramiento, Y DIO A LUZ A SU HIJO PRIMOGÉNITO, lo envolvió en pañales y lo reclinó en un pesebre..."*
Jn 1, 14: *"...Y EL VERBO SE HIZO CARNE Y HABITÓ ENTRE NOSOTROS y hemos visto su gloria, la gloria propia del Hijo único del Padre, lleno de gracia y de verdad..."*
Lc 2, 15-16: *"...Cuando los ángeles se retiraron de ellos hacia el cielo, los pastores decían entre sí: 'Vayamos, pues, a Belén, y veamos este suceso que ha tenido lugar y que el Señor nos ha manifestado'. Y fueron con prisa y ENCONTRARON A MARÍA Y A JOSÉ Y AL NIÑO reclinado en un pesebre..."*
Fil 2, 5-8: *"...Porque habéis de tener en vuestros corazones los mismos sentimientos que tuvo Jesucristo en el suyo, el cual teniendo la misma naturaleza de Dios, no fue por usurpación sino por esencia, el ser igual a Dios; y no obstante se anonadó a SÍ mismo tomando la forma de siervo, hecho semejando a los hombres, Y REDUCIDO A LA CONDICIÓN DE HOMBRE. Se humilló a SÍ mismo haciéndose obediente hasta la muerte, y muerte de cruz".*
Lc 24, 39-40. *"...Ved mis manos y mis pies. Soy yo mismo: Tocadme y ved. UN ESPÍRITU NO TIENE CARNE Y HUESOS COMO VEIS QUE TENGO YO". Y cuando esto dijo, les mostró las manos y los pies...*

Con esto es bastante.

ARTÍCULO CUARTO DEL CREDO: "Padeció bajo el poder de Poncio Pilato, fue crucificado, muerto y sepultado"

Este artículo nos habla, nada menos, que del misterio de la Redención de que fue objeto el hombre, mediante la pasión, muerte y resurrección de nuestro Señor Jesucristo.

Misterio de la Redención. Un concepto muy escuchado y tal vez leído, pero que ni nuestros oídos ni nuestros ojos le prestaron la debida atención y pasó una y mil veces inadvertido, sin dejar huella en nosotros. ¡Qué pena!

Estos y otros muchos conceptos de nuestra religión se encuentran almacenados en lo más recóndito de nuestro corazón. No porque los hayamos meditado y razonado profundamente para fundamentar nuestra fe o para poder explicarla, sino porque simplemente se recibieron y se guardaron sin más trámite, y allí están, ¡olvidados! Así como se encuentran miles de libros de contenidos muy valiosos, perdidos en medio de la estantería de las bibliotecas, sin uso ni beneficio.

Debiéramos detenernos, aunque sólo fuera un poco, para repasar y profundizar en el hondo significado de los grandes misterios de nuestra fe, para admirarnos de las revelaciones que nos hace el Señor, donde nos muestra el gran amor que tiene por todos los hombres.

Leemos en el Evangelio de Juan capítulo 3, 16:

> **"...Tanto amó Dios al mundo, que le dio a su Hijo único, para que todo el que crea en ÉL no perezca, sino que tenga vida eterna. Dios no envió a su Hijo al mundo para condenarlo, sino para salvarlo por medio de ÉL..."**

El diccionario de la lengua define la palabra "redimir" de esta manera: "Rescatar al cautivo o sacarle de la esclavitud, mediante el pago de un precio".

Sí. El hombre fue redimido, o sea, rescatado del cautiverio en el que se encontraba. Y fue a gran precio: la sangre de nuestro Señor Jesucristo.

¿Por qué estaba cautivo el hombre?

Debido al famoso "Pecado Original", que no fue otra cosa que la desobediencia de Adán y Eva a los preceptos de Dios, movidos por la soberbia. El mismo pecado que arrojó para siempre al rebelde Luzbel, el ángel más hermoso del cielo, al infierno creado para Satanás y sus ángeles.

Adán y Eva fueron creados por Dios para ser eternamente felices. Los llenó de dones sobrenaturales, elevándolos por encima de sus posibilidades humanas. También les otorgó dones preternaturales, que los elevaron a un estado de "justicia original". Les dio la ciencia del entendimiento, de la rectitud de la voluntad, así como la capacidad para sujetar las bajas inclinaciones, sometiéndolas a la razón.

Les regaló la impasibilidad, o sea, la ausencia de sufrimiento y, como si fuera poco, les concedió la inmortalidad.

Fueron tantos dones, que el rey David exultó de gozo en su Salmo 8, 6, diciendo: *"...Lo hiciste (al hombre) apenas inferior a los ángeles, de gloria y honor lo coronaste. Le diste poder sobre las obras de tus manos, todo lo sujetaste debajo de sus pies..."*

¡Pero todo eso se perdió por el pecado! Adán y Eva perdieron la gracia santificante, que era la que les permitía la amistad con Dios, la posibilidad de participar de su vida divina. Y todos sus descendientes, nosotros, la humanidad entera, sufrimos por herencia las mismas consecuencias.

El pecado nos había colocado cautivos bajo el poder de Satanás y la justicia divina exigía un rescate y Jesucristo pagó ese rescate por medio de su pasión y muerte en la cruz, ofreciendo a Dios una satisfacción digna por los pecados de los hombres, rescatándonos de la esclavitud y reconciliándonos con el Padre.

Dice san Pablo:

> *"...Cuando éramos enemigos de Dios fuimos reconciliados con ÉL por la muerte de su Hijo..."* (Ro 5, 10).
> *"...El cual se dio a SÍ mismo por nosotros, para redimirnos de todo pecado..."* (Tit 2, 14).
> *"...En quien por su sangre logramos la redención, y el perdón de los pecados..."* (Ef 1, 7).

Volvamos al cuarto artículo del credo que se inicia así:

a.- Padeció bajo el poder de Poncio Pilato

Poncio Pilato no es un personaje novelesco, sino absolutamente histórico. Si se consulta el diccionario no dice que se trate de un ser hipotético sino que informa que fue Procurador Romano de Judea del año 26 al 36 dC y que los coptos lo veneran como santo.

El historiador judío Flavio Josefo en su obra "La Guerra de los Judíos" escrita en el siglo I dC, lo menciona en el capítulo 9, 2 del libro segundo, de esta manera:

"Pilato, enviado como procurador a Judea por Tiberio, introdujo de noche en Jerusalén las imágenes de César llamadas enseñas..." Y relata que este hecho produjo gran indignación entre los judíos hasta que lo obligaron a sacarlas de Jerusalén.

También dice que "Pilato produjo una nueva revuelta porque empleó fondos del tesoro sagrado de Corbán (oblación) en construir acueductos para traer agua desde una distancia de cuatrocientos estadios..."

Pilato sofocó las protestas utilizando al ejército para el caso, originando una matanza entre la muchedumbre.

San Eusebio de Cesárea, iniciador de la Historia de la Iglesia en el siglo IV, también habla de Poncio Pilato en su libro II capítulo 7, donde leemos:

"No debemos pasar por alto la tradición según la cual el mismo Pilato de los tiempos del Salvador, se vio arrojado en tan grandes desgracias cuando Cayo estaba en el poder, que no encontró otra salida fuera de suicidarse y convertirse en ese modo en vengador de sí mismo".

Por lo tanto, estamos hablando de un personaje real, que cediendo a las presiones de las autoridades judías, el Sanedrín, entregó a Jesús, el Mesías, al suplicio de la cruz.

b.- Fue crucificado

La crucifixión era para los escritores romanos el suplicio más cruel y horroroso de todos. Se aplicaba generalmente a esclavos y a libres no romanos, por crímenes de robo, homicidio, traición o sedición.

Para los judíos un crucificado caía bajo la maldición aplicada a cadáveres colgados en un lugar público, como leemos en Dt 21, 22-23: *"...Si un hombre es condenado a muerte por su pecado y muere colgado de un madero, su cadáver no quedará sobre el madero durante la noche, sino que lo enterrarás el mismo día, pues el que cuelga del madero es maldito de Dios..."*

A los griegos les parecía una locura que el Mesías hubiera muerto en forma tan ignominiosa.

Dice san Pablo en 1Co 1, 23: *"...nosotros predicamos a un Cristo crucificado, que es escándalo para los judíos y locura para los paganos..."*

Pues esa muerte sufrió nuestro Señor Jesucristo. Una muerte infamante y espantosamente dolorosa, emblema de oprobio y humillación extrema, pues era aplicada a reos de la más baja estofa.

¡Crucifícalo! ¡Crucifícalo!, gritaban los judíos azuzados por los sumos sacerdotes; y Pilato soltó a Barrabás a la libertad, mientras que a Jesús lo entregaba a la chusma, diciendo cobardemente: "No me hago responsable de esta muerte; allá ustedes".

b.- Muerto y sepultado

El cristianismo ha tenido enemigos desde el principio. Jesucristo nuestro Señor fue perseguido por Herodes para matarlo, cuando sólo era un niño, porque en su enorme ignorancia temió que el niño pudiera quitarle el trono. No sabía quién era ese Niño ni cuál era su misión.

Después, cuando inició Jesús su predicación, fue constantemente acosado y perseguido por los fariseos, saduceos y escribas, hasta que consiguieron llevarlo a la cruz.

Luego de crucificado Jesús, las autoridades judías dirigieron su ataque a los seguidores del Nazareno y hubo persecuciones y grandes matanzas.

Junto a estas masacres hizo su aparición la guerra ideológica, también desde el principio y no se ha detenido a lo largo de veinte siglos. Sigue.

Algunos sostenían que Cristo no había muerto en la cruz y que cuando lo bajaron estaba vivo, lo curaron, lo sacaron a escondidas de Jerusalén y que vivió y murió en Cachemira. Hasta escribieron un libro para obtener ganancias del morbo y de la ignorancia de la gente, que se traga enteras las mentiras, a las que considera verdades sólo porque las vio por televisión, lo escuchó en la radio o lo leyó en alguna revista o novela, ¡como si fueran estos medios noticiosos dignos de confianza! Dicen tantas mentiras, que como decía Fray Tomás de Kempis: "De todo lo que leemos en los periódicos no hay que creer el 95% y el 5% restante, hay que ponerlo en duda".

Jesús murió en la cruz. Esta es una verdad incontrovertible. Hay muchas razones para creerlo. Veamos:

San Mateo nos relata en su Evangelio en 27, 50: *"...Y Jesús clamando de nuevo con gran voz, entregó el espíritu..."*

San Juan nos dice en 19, 31-34: *"...Como era Parasceve, (preparación del sábado pascual que era de riguroso descanso), 'para que no quedaran los cuerpos sobre la cruz en el sábado',* (ya explicamos las costumbres por el precepto de la Ley de Moisés que así lo exigía, ver Dt 21, 22-23), *'y el día de aquel sábado era grande, los judíos pidieron a Pilato que les quebrasen las piernas y los quitaran' ".*

(Cuando aún estaban vivos los condenados al suplicio de la cruz, les rompían las piernas para que murieran o los ahogaban con humo).

"...Vinieron, pues, los soldados y quebraron las piernas al primero; después al segundo de los que habían sido crucificados con ÉL. Llegados a Jesús, como lo encontraron ya muerto, no le quebraron las piernas; pero uno de los soldados atravesó su costado con una lanza, y en seguida salió sangre y agua..." (Jn 19, 32-34).

San Juan en 19, 36, señala con solemnidad: *"...Y todo esto sucedió para que se cumpliera la Escritura: 'No se le quebrará hueso alguno' ",* profecía que leemos en el Salmo de David 34 (33), 21, que dice: *"...ÉL guarda sus huesos. No será quebrado ni uno solo..."*

En Éxodo se encuentra un antecedente sobre este punto, en las normas establecidas para la celebración de la Cena Pascual que dicen: *"El cordero se comerá dentro de la casa, ni sacaréis afuera nada de su carne, NI LE QUEBRAREIS NINGÚN HUESO..."* (Ex 12, 46).

El cordero de la Cena Pascual, es una imagen utilizada en Jesús, el verdadero Cordero Pascual. Así se le menciona en muchos textos bíblicos.

Juan el Bautista señala a Jesús ante la muchedumbre que lo seguía, como el Mesías esperado y proclama: *"...He ahí AL CORDERO DE DIOS, que quita el pecado del mundo..."* (Jn 1, 29).

San Pablo habla de Jesús así: *"...Porque Jesucristo, es nuestro CORDERO PASCUAL, ha sido inmolado por nosotros..."* (1Co 5, 7).

Continuando con la pasión y muerte de Jesús, Mateo nos dice en 27, 57-60: *"...Llegada la tarde, vino un hombre rico de Arimatea, por nombre José, que se había hecho también discípulo de Jesús. Este fue a Pilato para pedirle el cuerpo de Jesús. Y Pilato mandó que le fuese dado. José tomó el cuerpo, lo envolvió en una sábana limpia y lo colocó en el sepulcro suyo, nuevo, que había excavado en la roca. Después hizo correr una gran piedra sobre la puerta del sepulcro y se marchó..."*

Y Juan asegura en 19, 35: ***"...El que ha visto da testimonio. Y su testimonio es verdadero y él sabe que dice la verdad para que vosotros también creáis..."***

El CREDO NICENO-CONSTANTINOPOLITANO agrega estas palabras: "y por nuestra causa fue crucificado".

Los Padres Conciliares sintieron la necesidad de señalar la razón de la crucifixión del Señor:

San Pablo dice en 2Co 5, 15: *"...CRISTO MURIÓ POR TODOS PARA QUE, LOS QUE VIVEN, NO VIVAN YA PARA SÍ, SINO PARA EL QUE MURIÓ Y RESUCITÓ POR ELLOS..."*

Y en 1Tim 2, 3-6: *"...Porque esto es una cosa buena y agradable a los ojos de DIOS SALVADOR NUESTRO, el cual QUIERE QUE TODOS LOS HOMBRES SE SALVEN y vengan al conocimiento de la verdad. Porque uno es Dios y uno también el mediador entre Dios y los hombres, Jesucristo hombre, que SE DIO A SÍ MISMO EN RESCATE POR TODOS..."*

Con esto es suficiente.

ARTÍCULO QUINTO DEL CREDO: "Descendió a los infiernos, al tercer día resucitó de entre los muertos"

a.- Descendió a los infiernos

Dice el Catecismo de la Iglesia Católica en el No. 633:

"La Escritura llama infiernos, sheol o hades (Fil 2, 10; Hch 2, 24; Ef 4, 9) a la morada de los muertos, donde bajó Cristo después de muerto, porque los que se encontraban allí estaban privados de la visión de Dios".

"Son precisamente estas almas santas, que esperaban a su Libertador en el Seno de Abraham, a los que Jesucristo liberó cuando descendió a los infiernos".

En el 637 del mismo Catecismo leemos: "Cristo muerto, en su alma unida a su persona divina, descendió a la morada de los muertos. Abrió las puertas del cielo a los justos que le habían precedido".

Sólo para ilustración explicaremos brevemente lo que la Escritura llama infiernos, sheol, hades, gehenna, seno de Abraham, etc.

Infierno.- Lugar para los condenados junto con Satán.

> *"...Apartaos de mí malditos al fuego eterno que está preparado para el demonio y sus ángeles"* (Mt 25, 41).

Sheol.- Palabra hebrea que designa el lugar a donde van los muertos. No es el destino solamente de los perdidos, sino el estado intermedio de todos los muertos.

En la literatura judaica posterior al Antiguo Testamento vemos el desarrollo de la idea de que el sheol está dividido en dos partes, una para los justos y otra para los injustos, dentro del mismo estado preliminar al destino final.

Nunca se usa la palabra sheol en el Antiguo Testamento como la morada de Satanás o de los ángeles caídos. Diccionario Ilustrado de la Biblia (Caribe).

Hades.- Trascripción de una palabra griega empleada en la Biblia de los LXX, para traducir el vocablo hebreo sheol, "morada de los muertos buenos y malos sin distinción".

Gehenna.- Al suroeste de Jerusalén (Jer 7, 32) está el actual Wadi er-Rahabi, valle tristemente famoso por los sacrificios humanos que siguieron a los tiempos del rey Ezequías (siglo VIII aC).

Es el "fogón" o "parrilla" en la abertura superior de un horno, donde quemaban los cuerpos de los niños que eran degollados en sacrificio ofrecido al dios Moloc (Ez 16, 21). *"El piadoso rey Josías lo destruyó y lo sembró de huesos humanos, con lo que lo hizo impuro"* (2R 23, 10).

En los Evangelios Sinópticos (Mt 5, 22 y 29) (Mc 9, 43-45 y 47) (Lc 12, 5) la gehenna con sus elementos fuego y gusanos (descomposición de cadáveres), es el símbolo habitual del infierno, de los tormentos reservados a los pecadores (Diccionario Bíblico Edit. Litúrgica Española).

Jesús usa la palabra gehenna como sinónimo de infierno, para designar el lugar de tormento donde serán arrojados los hombres reprobados y los espíritus malignos (Mt 5, 22, 29 y 30).

Seno de Abraham.- Término figurado que Jesús emplea en la parábola de Lázaro y el rico Epulón (Lc 16, 22-23) para indicar el lugar a donde van los justos al morir. Sitio que contrasta con el hades, lugar donde se encontraba el rico.

El seno de Abraham es sinónimo del "paraíso" que Jesús le prometió al ladrón arrepentido en el Calvario. (Lc 23, 43).

b.- "Al tercer día resucitó de entre los muertos"

La idea de la resurrección de los muertos no era desconocida para el pueblo de Israel. Tenían esperanza cierta de ella. Hay varios textos en el Antiguo Testamento que así lo atestiguan:

En 2Mac 7, 1-42, leemos la crónica del martirio de los siete hermanos Macabeos y su madre, a manos del perverso rey Antíoco. Y todos ellos murieron en la esperanza de la resurrección. Veamos lo que dijo uno de ellos.

2Mac 7, 9: *"...Tú, criminal, nos privas de la vida presente, pero el Rey del mundo, a nosotros que morimos por sus leyes, NOS RESUCITARÁ a la vida eterna..."*

El profeta Daniel nos dice en su libro en 12, 2: *"...Muchos de los que duermen en el polvo de la tierra SE DESPERTARÁN, unos para la vida eterna, otros para el oprobio, para el horror eterno...."*

En el Nuevo Testamento hay innumerables textos que prometen y aseguran la resurrección. Aquí algunos:

Juan nos relata un breve diálogo entre Jesús y Marta, con motivo de la muerte de su hermano Lázaro, que dice así:

"...Señor, si hubieras estado aquí, no hubiera muerto mi hermano. Pero todavía sé que cualquier cosa que tú pidas a Dios, te la concederá". A lo que respondió Jesús: "Tu hermano resucitará". Marta le dice: "Sé que resucitará en la resurrección del último día". Jesús le contesta: "YO SOY LA RESURRECCIÓN Y LA VIDA, QUIEN CREE EN MÍ, AUNQUE MUERA VIVIRÁ Y TODO EL QUE VIVE Y CREE EN MÍ, NO MORIRÁ PARA SIEMPRE. ¿Crees tú esto?" Le responde: "Sí, Señor, yo creo que tú eres el Cristo, el Hijo de Dios, el que viene al mundo..." (Jn 11, 23-26).

Irrefutable, ¿verdad?

En otro momento hablando Jesús sobre la Eucaristía aseveró: *"...El que come mi carne y bebe mi sangre, tiene vida eterna y yo LO RESUCITARÉ en el último día..."* (Jn 6, 54).

Jesús mismo profetiza en tres ocasiones diferentes su pasión, y muerte, así como su resurrección al tercer día. Léase Mt 16, 21; Mt 17, 22-23 y Mt 20, 17-19 y anuncia con certeza en Mt 26, 32: *"...Mas después de MI RESURRECCIÓN, iré delante de vosotros a Galilea..."*

La realidad de la resurrección de nuestro Señor Jesucristo ha dado una abrumadora solidez a nuestra fe. Por eso proclama Pablo a gritos:

"...Porque os trasmití en primer lugar, lo que a mi vez recibí: que Cristo murió por nuestros pecados, según las Escrituras; que SE APARECIÓ a Cefas (Pedro) y luego a LOS DOCE; después SE APARECIÓ a más de quinientos hermanos a la vez, de los cuales todavía la mayor parte viven y otros murieron. Luego SE APARECIÓ a Santiago;

más tarde a todos los apóstoles y en último término SE ME APARECIÓ también a mí, que soy como un aborto..." (1Co 15, 3-7).

Más tarde, cuando la predicación del Evangelio había salido ya de Jerusalén, san Pedro, predicando en Cesárea dice: *"...Pero Dios LE RESUCITÓ al tercer día, y después que se dejase ver, no de todo el pueblo, sino a los testigos que Dios había escogido de antemano, a nosotros que comimos y bebimos con ÉL después que RESUCITÓ de entre los muertos..."* (Hch 10, 40-41).

Como si no fuera suficiente, Jesucristo resucitado se dejó ver del apóstol Juan en una extraordinaria revelación que describe en el Apocalipsis 1, 17-18, que dice: *"...No temas, soy yo, el Primero y el último, el que vive; ESTUVE MUERTO, PERO AHORA ESTOY VIVO POR LOS SIGLOS DE LOS SIGLOS, y tengo las llaves de la Muerte y del Hades..."*

Todavía en pleno siglo XXI hay algunos herejes que aseguran que Cristo no resucitó, e inventan cuentos ingenuos a la vez que absurdos, que no vale la pena ni siquiera repasarlos.

Basta decir, que si Cristo no hubiera realmente muerto y resucitado, LOS DOCE apóstoles, encargados de predicar el Evangelio de Jesús, no se hubieran dejado matar por los perseguidores del cristianismo, y si gustosos dieron la vida por su fe, se debió a que fueron testigos presenciales del gran milagro de la resurrección del Maestro. Por eso defendieron esa realidad indiscutible con su propia vida, lo mismo que cientos de miles de mártires que murieron a lo largo de veinte siglos, como decía san Pablo: "a causa del Evangelio".

Con esto basta.

ARTÍCULO SEXTO DEL CREDO: "Subió a los cielos y está sentado a la derecha de Dios Padre Todopoderoso"

La Biblia nos relata el acontecimiento de la Ascensión del Señor Jesús a los cielos, en diversos textos. Veamos:

Los testimonios de los discípulos son determinantes. Ellos fueron testigos presenciales del hecho.

Marcos, discípulo de Pedro, nos relata en su Evangelio el momento en que Cristo Jesús les da la misión a los apóstoles de predicar la Buena Noticia a toda creatura y en forma escueta dice: *"...Y el Señor Jesús, después de conversar con ellos, FUE ARREBATADO AL CIELO Y SE SENTÓ A LA DERECHA DE DIOS..."* (Mc 16, 19).

Lucas, discípulo de Pablo, nos refiere en su Evangelio, también en forma muy breve, lo siguiente: *"...Después los llevó (a sus apóstoles) fuera de la ciudad hasta un lugar cercano a Betania y, alzando las manos los bendijo. Y MIENTRAS LOS BENDECÍA SE SEPARÓ DE ELLOS Y FUE LLEVADO AL CIELO..."* (Lc 24, 50-51).

El mismo Lucas en los Hechos de los Apóstoles 1, 9-11 agrega algunos datos más: *"...Dicho esto, SE FUE ELEVANDO A VISTA DE ELLOS POR LOS AIRES, hasta que una nube le cubrió a sus ojos. Y estando atentos a mirar CÓMO IBA SUBIENDO AL CIELO, he aquí que aparecieron cerca de ellos dos personajes con vestiduras blancas, los cuales les dijeron: 'Varones de Galilea, ¿qué estáis allí parados mirando al cielo?, este Jesús que SEPARÁNDOSE DE VOSOTROS HA SUBIDO AL CIELO, vendrá de la misma suerte que le acabáis de ver subir allá...' "*

San Pablo nos dice en Ef 1, 20-21: *"...La eficacia de su poderosa virtud que ÉL ha desplegado en la persona de*

Cristo, resucitándolo de entre los muertos y COLOCÁNDOLE A SU DIESTRA EN LOS CIELOS..."

San Pedro, testigo presencial del gran acontecimiento, escribe en 1Pe 3, 22: *"...el cual, ASCENDIDO AL CIELO, ESTÁ A LA DERECHA DE DIOS, y le están sometidos los ángeles, las dominaciones y las potestades..."*

San Esteban, uno de los siete diáconos, cuando estaba a punto de ser apedreado por la chusma, –nos relata Hechos 7, 55–, *"...Mas Esteban, estando lleno del Espíritu Santo y fijando los ojos en el cielo, vio la gloria de Dios y a Jesús que ESTABA A LA DERECHA DE DIOS y dijo: 'Estoy viendo ahora los cielos abiertos y al Hijo del hombre SENTADO A LA DIESTRA DE DIOS...' "*

Esto es suficiente.

ARTÍCULO SÉPTIMO DEL CREDO: "Desde allí ha de venir a juzgar a vivos y muertos..."

Este artículo del CREDO nos habla de la llamada Parusía, o sea la segunda venida de nuestro Señor Jesucristo al mundo, que tendrá lugar al final de los tiempos.

En los capítulos 24 y 25 del Evangelio de Mateo, el Señor Jesús habla sobre el juicio final, y leemos en algunos de sus versículos la mención de la segunda venida del Señor Jesús. Veamos:

El Maestro anuncia los acontecimientos que precederán al Día del Señor: Nos dice que habrá guerras, pestes, terremotos, como señales precursoras del día final. También los alerta diciendo: *"surgirán muchos falsos profetas que engañarán a muchos"* y predice que como consecuencia de eso la fe de los hombres se irá enfriando y asegura: *"el que perseverare hasta el fin, ese se salvará".*

En el versículo 14 del capítulo 24 leemos lo siguiente: *"...Y este Evangelio del reino se predicará en toda la tierra, como testimonio para todas las naciones, y entonces vendrá el fin..."*

Y continúa en los versículos 30 y 31, del capítulo 24: *"...APARECERÁ EN EL CIELO EL SIGNO DEL HIJO DEL HOMBRE, y se lamentarán todas las tribus de la tierra Y VERÁN AL HIJO DEL HOMBRE VENIR SOBRE LAS NUBES DEL CIELO CON GRAN PODER Y GLORIA..."*

En el capítulo 25, 31-46, Jesús les describe a sus discípulos lo que será el juicio final. Aquí algunos versículos:

Leemos en el versículo 31 al 39: *"...CUANDO VENGA EL HIJO DEL HOMBRE EN SU GLORIA y todos los ángeles con ÉL, se sentará sobre su trono de gloria, y se reunirán delante de ÉL todas las naciones, y separará a los unos de los otros, como el pastor separa las ovejas de los cabritos, colocará a las ovejas a su derecha y los cabritos a la izquierda y entonces dirá el rey a los de su derecha: 'Venid, los benditos de mi Padre; entrad a poseer el reino que os está preparado desde el principio del mundo. Porque tuve hambre y me disteis de comer; tuve sed y me disteis de beber; fui peregrino y me hospedasteis', etc.*

"Entonces dirá también a los de la izquierda: 'Apartaos de mi, los malditos, al fuego eterno, preparado para el diablo y sus ángeles. Pues tuve hambre y NO me disteis de comer; tuve sed y NO me disteis de beber; fui peregrino y NO me hospedasteis', etc. E irán éstos al castigo eterno y los justos a la vida eterna..."

Todas estas palabras fueron pronunciadas por Jesús ante sus discípulos, como una revelación de su segunda venida y del juicio final, y SU palabra es verdadera. Jesús no miente.

Ante estas revelaciones que creemos los católicos, porque son Palabra de Dios, algunos incrédulos se ríen AHORA, argumentando que son fábulas para asustar a los ignorantes, a los ingenuos. Pero me imagino la expresión de terror que se dibujará en su rostro cuando aparezcan ellos también en ese impresionante escenario del juicio final, y se den perfecta cuenta de que todo lo dicho por Jesús es verdad.

Pero será un descubrimiento totalmente tardío, porque en ese momento, YA NADA SE PUEDE HACER, sino sólo esperar el juicio inexorable y definitivo de Dios.

Hay muchísimos textos que hablan al respecto y en muchos de ellos Jesús exhorta a la conversión, ahora que tenemos vida y es posible rectificar.

Otro punto adicional sobre el día terrible del Señor, es el tiempo en que ha de ocurrir. Mateo nos relata en 24, 3, que los discípulos le preguntan a su Maestro: *"...Dinos cuándo sucederá esto y cuál es la señal DE TU VENIDA y del fin del mundo..."*

La respuesta fue clara y contundente: *"...Del día aquel y la hora NADIE SABE, NI LOS ANGELES DEL CIELO;* ***SÓLO EL PADRE..."*** (Mt 24, 36).

Esta declaración viene bien para todos esos agoreros que abundan por el mundo, que se la pasan asustando a la gente con sus "profecías" catastróficas. Y hasta le ponen fecha, y cuando llega ésta, por supuesto no pasa nada. Y le ponen un nuevo término y tampoco pasa nada. Pero ellos siguen ganando dinero del bolsillo de los crédulos, que sin reflexión alguna aceptan estas ridículas mentiras hechas a la medida de los incautos, de los cándidos, de los ingenuos.

Así que no lo olvidemos: SÓLO EL PADRE SABE CUÁNDO SERÁ EL JUICIO FINAL. **¡NADIE MÁS!**

San Pablo dice en 1Te 5, 1-3: *"...En lo que se refiere al tiempo y al momento, hermanos, no tenéis necesidad de que os escriba. Vosotros mismos sabéis que el Día del Señor ha de venir como un ladrón en la noche. Cuando digan 'paz y seguridad', entonces mismo de repente, vendrá sobre ellos la ruina, como los dolores de parto a la que está encinta; y no escaparán..."*

Por lo tanto, qué bueno será seguir el consejo de Jesús para la espera de esos días:

"...Estad alertas, porque no sabéis el día ni la hora..." (Mt 25, 13).

Porque: *"...Como fueron los días de Noé, así será la venida del Hijo del Hombre. Como en los días que precedieron al diluvio, se comía y se bebía, tomaban mujer y marido hasta el día en que Noé entró en el arca, y no se dieron cuenta hasta que llegó el diluvio y los arrastró a todos; así será la venida del Hijo del hombre..."* (Mt 24, 37-39).

El CREDO NICENO-CONSTANTINOPOLITANO menciona: "y su reino no tendrá fin".

En Apocalipsis 1, 17-18, leemos lo siguiente: *"...Cuando lo vi, caí a sus pies como muerto. ÉL puso su mano derecha sobre mi diciendo: 'No temas, soy yo, el Primero y el Último, el que vive; estuve muerto, pero ahora estoy vivo* ***POR LOS SIGLOS DE LOS SIGLOS****, y tengo las llaves de la Muerte y del Hades...' "*

Con esto es suficiente.

ARTICULO OCTAVO DEL CREDO: "Creo en el Espíritu Santo"

La Persona del Espíritu Santo trajo, como la Persona del Hijo, innumerables discusiones dentro de la Iglesia Católica, dando origen a herejías y cismas que llevaron a muchas personas por caminos equivocados. Ya lo comentamos en capítulos anteriores.

Por tal motivo, en diferentes concilios se habló del Espíritu Santo para aclarar debidamente las ideas sobre ÉL. Y los padres conciliares, en unión con el Papa y con asistencia del Espíritu Santo, establecieron conclusiones contundentes.

En el año 362 dC, se celebró el Concilio de los Confesores en la ciudad de Alejandría, y en él se define y proclama la divinidad del Espíritu Santo.

En el Sínodo Romano efectuado en el año 369 dC, noventa obispos declaran nuevamente la consustancialidad del Hijo con el Padre y se insiste en la divinidad del Espíritu Santo.

> Macedonio, patriarca de Constantinopla en dos ocasiones (342-346, 351-360), negaba la divinidad del Espíritu Santo, considerándolo inferior al Hijo y asegurando que el Hijo era a su vez, inferior al Padre. Esta serie de desatinos originaron el macedonianismo, llevándose, como sucede en estos casos, a los que no piensan, ni se instruyen y por lo mismo no tienen la capacidad para defenderse del error y del engaño y como mansos corderos van tras los pasos de los enemigos de Dios.

San Atanasio, san Basilio y san Ambrosio, salieron al paso de esta herejía, en defensa de la fe

Después vino el concilio Ecuménico de Constantinopla, convocado por Teodosio el Grande, en el que se confirmó el CREDO de Nicea, se definió la divinidad del Espíritu Santo y se condenaron las herejías de los arrianos, macedonianos, fortinianos, apolinaristas, sabelianos y muchos más. ¡Abundan los falsos profetas!

San Basilio el Grande realiza uno de los primeros estudios sobre el Espíritu Santo, que tiene valor normativo en la historia de la teología: "El tratado sobre el Espíritu Santo", terminado de escribir en el año 375 dC.

Dídimo el Ciego, ciego desde los cuatro años, llegó a ser uno de los sabios más grandes de su tiempo. Fue director de la Escuela de Alejandría. Su mejor obra fue una disertación sobre el Espíritu Santo.

El Catecismo de la Iglesia Católica en el número 685, nos dice: "Creer en el Espíritu Santo, es profesar que el Espíritu Santo es una de las Personas de la Santísima Trinidad, consustancial al Padre y al Hijo".

La Sagrada Escritura tiene muchas e interesantes referencias al Espíritu Santo, donde se nos revela su indiscutible existencia y su extraordinaria acción entre nosotros. Veamos.

Las palabras de Jesús relatadas por Mateo en 28, 19, son muy reveladoras: *"...Id pues, y haced discípulos a todas las gentes, bautizándolas EN EL NOMBRE del Padre y del Hijo y del Espíritu Santo..."*

Debemos observar algo muy importante. DICE "EN EL NOMBRE". NO "EN LOS NOMBRES".

Estos detalles pasan desapercibidos para aquellos que cuando leen las Escrituras lo hacen de prisa, sin pensar, sin reflexionar y así los detalles pasan desapercibidos. Recordemos que nuestro Señor Jesucristo recomendaba "escudriñen las Escrituras", y escudriñar es –dice el diccionario- "examinar, inquirir y averiguar cuidadosamente algo y sus circunstancias". En otras palabras, cuando leamos las Sagradas Escrituras, deberemos hurgar entre palabra y palabra, entre renglón y renglón, repasar, meditar la idea expresada, para poder comprenderla en toda su plenitud.

Aquí otro texto interesante: *"...Después que Jesús fue bautizado, salió enseguida del agua, y he aquí que se abrieron los cielos y vio al Espíritu de Dios descender como paloma y venir sobre ÉL, mientras una voz del cielo decía: 'Este es mi Hijo amado en quien tengo mis complacencias...' "*

En este texto se revela la Trinidad: El Padre en la voz que se escucha del cielo. El Hijo amado es Jesucristo, el Hijo de Dios, Su Hijo Único, que se bautiza y el Espíritu Santo que se manifiesta en forma de paloma.

Analicemos este otro texto, esta vez de Juan, en el capítulo14, versículos 16 y 26: *"...Y YO (Jesucristo) rogaré al PADRE y os dará otro ABOGADO que estará con vosotros para siempre..." "...Pero el ABOGADO, EL ESPÍRITU SANTO, que el Padre enviará en mi nombre, ese os lo enseñará todo..."*

Aquí volvemos a distinguir fácilmente a la Trinidad de Dios en tres Personas distintas: JESÚS que ruega al PADRE el envío del ESPÍRITU SANTO.

Un último texto también muy ilustrativo es este: *"...Pedro le dice a Ananías: 'Cómo es que Satanás se adueñó de tu corazón para mentir al Espíritu Santo y quedarte con parte del precio del campo...' '...no has mentido a los hombres sino a Dios...' "*

Así que mentir al Espíritu Santo es mentir a Dios. Claramente nos dice que el Espíritu Santo ES DIOS.

EL CREDO NICENO-CONSTANTINOPOLITANO amplía diciendo: "Señor y dador de vida".

a.- Señor

Ya explicamos que Señor es el nombre habitual que se le da a Dios. Y si el Espíritu Santo es Dios, como lo es el Padre y el Hijo, también como ellos, ES EL SEÑOR.

b.- Dador de vida

Leemos las palabras de Jesús en Juan 6, 63: *"...El Espíritu es el que DA VIDA. La carne no sirve para nada. Las palabras que os he dicho son ESPÍRITU y SON VIDA..."*

San Pablo nos dice: *"...Si vivís según la carne, moriréis. Pero SI CON EL ESPÍRITU hacéis morir las obras del cuerpo, VIVIRÉIS..."* (Ro 8, 13).

Del profeta Ezequiel recogemos este pasaje: *"...y ÉL (Dios) me dijo: Profetiza al Espíritu, profetiza, ¡oh hijo de hombre!, y dirás al Espíritu: 'Esto dice el Señor Dios: VEN TÚ ¡OH ESPÍRITU de las cuatro partes del mundo y sopla sobre estos muertos PARA QUE VIVAN! Yo profeticé como se me había ordenado, y EL ESPÍRITU ENTRÓ EN ELLOS; REVIVIERON y se incorporaron sobre sus pies: era un enorme, inmenso ejército...' "* (Ez 37, 9-10).

Vale la pena leer el texto completo: Ez 37, 1-14. Es bellísimo.

c.- Que procede del Padre y del Hijo

El Catecismo de la Iglesia Católica dice en el número 253: "Las personas divinas (Padre, Hijo y Espíritu Santo) no se reparten a la única divinidad, sino que CADA UNA DE ELLAS ES ENTERAMENTE DIOS".

El Concilio II de Toledo. Año 675 dC, declaró: "El Padre es lo mismo que es el Hijo. El Hijo lo mismo que es el Padre. El Padre y el Hijo lo mismo que el Espíritu Santo. Es decir: Un solo Dios por naturaleza".

Jesucristo, el Señor, dijo: *"...Cuando venga el Consolador que YO OS ENVIARÉ DEL PADRE, EL ESPÍRITU DE VERDAD* ***QUE PROCEDE DEL PADRE,*** *él dará testimonio de mi..."* (Jn 15, 26).

d.- Que con el Padre y el Hijo recibe una misma adoración y gloria

Después de que ha sido tratado con cierto detalle el misterio de la Trinidad de Dios, y cuando leemos en Mateo 28, 19, que Jesús les dice a sus discípulos: *"...Id y haced discípulos míos a todos los hombres, BAUTIZÁNDOLOS EN EL NOMBRE DEL PADRE* **Y** *DEL HIJO* **Y** *DEL ESPÍRITU SANTO..."*, no podemos más que concluir que el Padre es Dios, el Hijo es Dios y el Espíritu Santo es Dios y que los tres son UN SOLO DIOS.

No dijo el Señor Jesús: "bautizándolos en el nombre del Padre" Y YA.

Tampoco dijo: "bautizándolos en el nombre del Hijo solamente o en el nombre del Espíritu Santo, solito ÉL.

El bautismo se administra en el nombre de los tres: Padre, Hijo y Espíritu Santo, que son un solo Dios. Y si son un solo Dios, a las tres Personas se les debe dar adoración y gloria por igual.

Recordemos lo que dice Jesús en el Evangelio de Lucas 12, 10: *"...Al que diga una palabra contra el Hijo del Hombre se le perdonará, pero al que blasfeme contra el Espíritu Santo no se le perdonará..."*

Tomar el camino de las opiniones heréticas de las que ya hablamos suficientemente, sería caer en forma absurda en la más aberrante insensatez y en la más desatinada e irracional necedad, que sólo reflejaría la terquedad y la obstinación que se manifiesta en los incrédulos y en los paganos, que absurdamente pretenden hacer prevalecer su opinión, cuando saben perfectamente que se trata de la más solemne mentira.

Creo que no se necesita decir más.

e.- Y que habló por los profetas

La palabra profeta viene del griego y significa "el que habla por otro". Se trata de un hombre que es portador de la revelación divina. No sólo recibe autocomunicación por gracia de Dios, sino que también la explica correctamente y sin error, bajo la dirección del Espíritu Santo.

Jesús es el profeta por antonomasia. Es mensajero del Padre y lo ratifica en el texto de Juan 7, 16: *"...Mi doctrina no es mía, sino del que me ha enviado..."* Y en Jn 10, 25 leemos: *"...Las obras que yo hago en nombre de mi Padre, son las que dan testimonio de mí..."*

En la segunda carta de san Pedro 1, 19 y 21: *"...Pero tenemos todavía el testimonio más firme que el nuestro, que es el de los profetas, al cual hacéis bien en mirar atentamente... Porque no traen su origen las profecías de la voluntad de los hombres, sino que los varones santos de Dios hablaron, SIENDO INSPIRADOS DEL ESPIRITU SANTO..."*

Emanada del Concilio Vaticano II, encontramos la Constitución Dogmática sobre la Divina Revelación, que nos dice en el número 11 del capítulo 3: "Las cosas divinamente reveladas, que están contenidas y se nos ofrecen en las letras de la Sagrada Escritura, fueron consignadas POR INSPIRACIÓN DEL ESPÍRITU SANTO. De ahí que la santa madre Iglesia, por fe apostólica, tiene por sagrados y canónicos los libros íntegros del Antiguo y Nuevo Testamento, con todas sus partes, como quiera que, escritos POR INSPIRACIÓN DEL ESPÍRITU SANTO, tienen a Dios por autor, y como tales han sido confiados a la Iglesia misma".

Suficiente.

ARTÍCULO NOVENO DEL CREDO: "Creo en la Santa Iglesia Católica, la comunión de los santos"

a.- Creo en la Santa Iglesia Católica

Hablar de la Iglesia Católica, como hablar del Señor Dios, de su Hijo Jesucristo y del Espíritu Santo, son temas tan amplios, tan extensos, que se llenarían muchos volúmenes para desarrollarlos en toda su extensión, y no lo vamos a hacer aquí, porque el plan de este trabajo es hacer algo breve, pero suficiente, para dar a conocer que todos los artículos del CREDO tienen por origen las Sagradas Escrituras, y que no se trata de un puño de ideas sin soporte, sino que tienen como base de sustentación la predicación del Evangelio de nuestro Señor Jesucristo.

Por tanto, seguiremos el plan y trataremos de presentar estos grandes temas en lenguaje claro y simple, a la vez que breve, buscando el beneficio de nuestros lectores.

Sería muy loable, que una vez leídos estos apuntes, aquellos en los que se haya despertado el interés por conocer algo más de las maravillosas revelaciones de Dios nuestro Señor, avancen en su instrucción adentrándose en tratados más completos y minuciosos, que llenarán con plenitud su deseo de conocer al Señor.

El concepto Iglesia tiene algunos antecedentes en el Antiguo Testamento, porque fue prefigurada desde el origen del mundo y preparada admirablemente por Dios en la historia del pueblo de Israel.

La Iglesia es la Asamblea de los Fieles y en el Antiguo Testamento ya se usaba el término Asamblea.

Veamos lo que dice el libro primero de Reyes en 8, 22, que relata el momento solemne de la consagración del grandioso Templo de Jerusalén, construido por el rey

Salomón a Yahvé Dios: *"...Salomón se colocó ante el altar del Señor a la vista de toda LA ASAMBLEA de Israel y, levantando sus manos al cielo, oró..."*

Todos recordamos que el origen del pueblo de Israel fue el patriarca Abraham, a quien Yahvé le promete: *"Te haré cabeza de UNA NACIÓN GRANDE, te bendeciré y haré famoso tu nombre que será una bendición..."* (Gn 12, 2).

Y la nación grande "como el número de las estrellas y las arenas del mar" fue creciendo a partir de Abraham a lo largo de los siglos, y cuando esclavizada por los egipcios gemía bajo el peso de largas y agotadoras faenas, subió Moisés al monte Sinaí y el Señor le dice:

> *"...He visto la tribulación de MI PUEBLO en Egipto y oído sus clamores..."* (Ex 3, 7).
> *"...Pero ven tú, que te quiero enviar a faraón para que saques de Egipto AL PUEBLO MÍO, los Hijos De Israel..."* (Ex 3, 10).
> *"...Entraron Moisés y Aarón a faraón y le dijeron: Esto dice el Señor Dios de Israel: Deja ir A MI PUEBLO, a fin de que me ofrezca un sacrificio solemne en el desierto..."* (Ex 5, 1).

MI PUEBLO, una manera de llamar a aquel conglomerado humano escogido por Yahvé y que figuraba a la futura Iglesia Católica.

Leemos en Éxodo 30, 8-10, lo siguiente: *"...Y cuando Moisés salía para el Tabernáculo, se levantaban todas las gentes y quedaban cada cual en pie a la puerta de su pabellón, siguiendo con sus ojos tras de Moisés, hasta que entraba en el Tabernáculo. Entrando ya en el Tabernáculo de la Alianza, descendía LA COLUMNA DE NUBE y quedaba fija en la puerta y hablaba Dios con Moisés, viendo todos cómo LA COLUMNA DE NUBE quedaba fija en la puerta del Tabernáculo. Y así estaban ellos mismos también a las puertas de sus pabellones adorando al Señor..."*

La columna de nube era la manifestación de la presencia de Dios. ¡Dios en medio de SU PUEBLO! ¡En medio de LA ASAMBLEA! Clara figura que nos habla en el pasado, de la futura IGLESIA que fundaría Jesucristo nuestro Señor.

Y eso no es todo. Al tercer mes de la salida a la libertad del pueblo de Israel, dejando atrás la esclavitud de Egipto, plantaron sus tiendas frente al monte Sinaí y el Señor llamó a Moisés desde la cima del monte y le dijo:

> *"...Vosotros mismos habéis visto lo que he hecho con los egipcios; de qué manera os he traído, cual águila sobre mis alas Y OS HE TOMADO POR MI CUENTA. Ahora bien, si escuchareis mi voz y observareis mi pacto SERÉIS PARA MI ENTRE TODOS LOS PUEBLOS LA PORCIÓN ESCOGIDA, ya que mía es toda la tierra, Y SERÉIS PARA MÍ UN REINO SACERDOTAL Y NACIÓN SANTA. Estas son las palabras que dirás a los hijos de Israel..."* (Ex 19, 4-6).

Más de mil años después estas palabras resuenan como un eco, aunque lejano, sonoro y determinante a través de la voz de Pedro, que en su primera carta 2, 9-10, nos dice: *"...Vosotros sois LINAJE ESCOGIDO, SACERDOCIO REAL, NACIÓN SANTA, PUEBLO ADQUIRIDO, para anunciar las alabanzas de Aquel que os ha llamado de las tinieblas a la luz..."*

Un lenguaje muy semejante al que leímos en el texto anterior, no obstante de mediar cientos de años entre Moisés y Pedro, y un lenguaje que ahora vive entre nosotros los católicos, cientos de años después de Pedro, cuando por medio del Sacramento del Bautismo entramos a formar parte de ese PUEBLO ADQUIRIDO, que como dice Pablo, FUIMOS ADQUIRIDOS A GRAN PRECIO. ¡LA SANGRE DE NUESTRO SEÑOR JESUCRISTO!

Pero, ¿cómo sabemos que Jesucristo fundó la Iglesia?

Fue un proceso que se dio a lo largo de sus tres años de predicación. Veamos.

Las Sagradas Escrituras nos relatan cómo, después de recibir la consagración por el Espíritu Santo en el Jordán, el Señor Jesús se retiró al desierto por espacio de cuarenta días, en los cuales ayunó y oró a su Padre, y fue tentado por Satanás. Pero éste fue derrotado en toda la línea por el Señor, y después de esos sucesos, inició la predicación del Evangelio. La Buena Noticia.

Muchos de sus oyentes quedaron profundamente impactados por SU palabra y aceptaron SU doctrina.

San Marcos narra lo siguiente en 3, 13-19: *"...Subió Jesús al monte y llamó a los que ÉL quiso y vinieron junto a ÉL. INSTITUYÓ A DOCE, para que estuvieran con ÉL y para enviarlos a predicar, con poder de expulsar los demonios..."*

Por otra parte, Mateo relata en 10, 1-42, el envío de esos DOCE, a los que Jesús dio una larga y detallada instrucción de cómo, dónde y a quiénes evangelizar y curar sus males.

Lucas, en su Evangelio, describe en 10, 17-20, el gozo de los discípulos de Jesús que le platicaban sus éxitos y experiencias diciendo: *"...Señor, hasta los demonios se nos someten en TU nombre..."*

Un tiempo después, en la región de Cesárea de Filipo, estando con sus discípulos, se da el siguiente diálogo:

Jesús les pregunta: *"...¿Quién dice la gente que es el Hijo del hombre?" Ellos le respondieron: Unos dicen que Juan el Bautista, otros que Elías, otros que Jeremías o uno de los profetas. ÉL vuelve a preguntar: Y vosotros ¿quién decís que soy yo? Simón Pedro contestó: "TÚ ERES EL CRISTO, EL HIJO DE DIOS VIVO". Replicando Jesús le dijo: "Bienaventurado eres Simón, hijo de Jonás, porque no te ha revelado esto la carne ni la sangre, sino mi Padre que está en los cielos. Y yo a mi vez te digo: 'QUE TÚ ERES PEDRO,* ***Y SOBRE ESTA PIEDRA EDIFICARÉ MI IGLESIA*** *y las puertas del infierno no prevalecerán contra ella. A ti te daré las llaves del Reino de los Cielos; y lo que ates en la tierra quedará atado en los cielos, y lo que desates en la tierra quedará desatado en los cielos...' "* (Mt 16, 13-19).

Pasado un tiempo, la Biblia nos presenta a Jesús y a sus discípulos celebrando la Pascua en Jerusalén, en donde, una vez concluida la cena, establece Jesús el Sacramento de la Eucaristía, haciendo realidad el anuncio hecho tiempo atrás a sus discípulos, según lo relata Juan en 6, 51, 54 y 56: *"...Yo soy el pan vivo que ha bajado del cielo. Si alguno come de este pan, VIVIRÁ ETERNAMENTE y el pan que yo daré es la carne MÍA, para la vida del mundo..." "...El que come mi carne y bebe mi sangre, tiene vida eterna y YO lo resucitaré en el último día..." "...El que come mi carne y bebe mi sangre, VIVE EN MÍ Y YO EN ÉL..."*

Al terminar el establecimiento del Sacramento de la Eucaristía, nuestro Señor Jesucristo ordena: *"...HAGAN ESTO EN CONMEMORACIÓN MÍA..."*, estableciendo con esta frase, *EL SACRAMENTO DEL ORDEN SACERDOTAL.*

Dice la Constitución Dogmática sobre la Iglesia, emanada del Concilio Vaticano II: "Cuantas veces se renueva sobre el altar el sacrificio de la cruz, en que nuestra Pascua, Cristo, fue inmolado, se efectúa la obra de nuestra redención".

Y en otro lugar del mismo documento, nos dice: "al propio tiempo en el Sacramento del pan Eucarístico, se representa y se reproduce la UNIDAD DE LOS FIELES, que constituyen UN SOLO CUERPO EN CRISTO".

Tras estos solemnes y trascendentales acontecimientos, se retiran del cenáculo y se dirigen al Huerto de los Olivos, en donde se iniciará la pasión, muerte y resurrección de Jesús.

Cristo, en obediencia a su Padre, en el Calvario hace efectiva la redención de todos los hombres.

Una vez resucitado Jesús, cumplido plenamente el plan de su Padre, regresa a ÉL el día de la ascensión al cielo, y la Biblia nos narra que los discípulos fueron a Galilea, al monte que Jesús les había indicado y pronunció un discurso breve, pero de gran trascendencia, que todos los católicos debiéramos saber de memoria, pues en él está contenida en forma por demás clara, LA MISIÓN DE LA IGLESIA.

Por lo menos, deberíamos tener muy presente en nuestra mente que Cristo Jesús, en su discurso, establece el reino de Dios en la tierra. La familia de Dios. SU IGLESIA. La Asamblea de los Fieles, que es una sociedad visible fundada por ÉL, para continuar, por medio de ella, la obra de salvación de todos los hombres.

Esto da, por otra parte, el argumento indiscutible para justificar la existencia y el origen DE LA IGLESIA y su acción en el mundo, con el papa, los obispos, los presbíteros que, con la fuerza del Espíritu Santo, santifican a los fieles por medio de los sacramentos. Y toda la jerarquía de la Iglesia, en unión con las congregaciones de religiosos y religiosas, muestran el camino al cielo a los hombres, predicando el Evangelio, *"para que el que crea se salve"*.

Y este "LINAJE ESCOGIDO, SACERDOCIO REAL, NACIÓN SANTA", purificado por medio de los sacramentos, se reúne en ASAMBLEA para dar culto y celebrar los Misterios del Señor, en catedrales, basílicas, santuarios, templos y capillas a lo largo del mundo, de acuerdo con el encargo de Jesús.

Y este es el discurso que pronunció nuestro Señor Jesucristo antes de subir al cielo, cuando dijo a sus discípulos:

"Me ha sido dado todo el poder en el cielo y en la tierra. Id pues y HACED DISCÍPULOS A TODAS LAS GENTES, BAUTIZÁNDOLAS EN EL NOMBRE DEL PADRE, Y DEL HIJO, Y DEL ESPÍRITU SANTO, Y ENSEÑÁNDOLES A GUARDAR TODO LO QUE YO OS HE MANDADO. Y he aquí que YO estoy con vosotros todos los días hasta el fin del mundo..." (Mt 28, 18-20).

De acuerdo a lo anterior, podemos hacer la siguiente síntesis:

1.- La Iglesia existía en la mente de Dios desde la eternidad.

2.- La Iglesia fue prefigurada admirablemente en la historia del pueblo de Israel. SU PUEBLO. La frase *"VOSOTROS SERÉIS EL PUEBLO MÍO Y YO SERÉ VUESTRO DIOS"*, se repite a lo largo de siglos, en múltiples ocasiones, como lo asienta en sus páginas la Biblia. Y ESE PUEBLO ERA LA ASAMBLEA DE LOS FIELES, el pueblo escogido de Dios, el pueblo de Israel, que prefigura a la Iglesia de Cristo Jesús.

3.- Que cientos de años después, viene Jesús, el Hijo de Dios a vivir entre nosotros, e inaugura en la tierra el reino de los cielos, predicando el CREDO de los hijos de Dios. SU EVANGELIO.

4.- Que reunió un grupo de discípulos, de entre los cuales escogió a DOCE, a los que llamó APÓSTOLES, para enviarlos a predicar, *"...con poder para expulsar demonios y para curar toda enfermedad y toda dolencia..."*, los cuales regresaron gozosos por el éxito que habían obtenido.

5.- Que en Cesárea de Filipo, el Señor Jesús le otorgó a Simón Pedro el primado de SU IGLESIA, diciéndole: *"...TÚ ERES PEDRO Y SOBRE ESTA PIEDRA EDIFICARÉ MI IGLESIA..."* (Mt 16, 16).

6.- Que un tiempo después, tras celebrar la Pascua en el cenáculo, aquel primer Jueves Santo, establece el Sacramento de la Eucaristía y con esta frase: *"...HAGAN ESTO EN CONMEMORACIÓN MÍA..."* (Lc 22, 19) establece también el Sacramento del Orden Sacerdotal.

Primero, Jesús escoge a los DOCE apóstoles, que fueron los primeros obispos de la IGLESIA. Dispone que Pedro será *"la piedra sobre la cual edificará SU IGLESIA"*, por lo tanto, Pedro será jefe de LA IGLESIA y establece, además, el Sacramento del Orden Sacerdotal, quedando instituida la JERARQUÍA DE LA IGLESIA.

7.- Que tras su pasión, muerte y resurrección, congrega a sus discípulos en un monte en Galilea y se despide de ellos ordenándoles HACER DISCÍPULOS DE JESÚS A TODOS LOS HOMBRES BAUTIZÁNDOLOS. En otras palabras, les entrega la misión de SU IGLESIA, para que Pedro, jefe de ella, en compañía DE LOS DEMÁS APÓSTOLES, (los primeros obispos), se encarguen de cristianizar al mundo, prometiéndoles *"...YO estoy con vosotros todos los días hasta el fin del mundo..."* (Mt 28, 20).

8.- ESA ES LA IGLESIA CATÓLICA. La congregación de los fieles establecida por nuestro Señor Jesucristo, que es, en el mismo Cristo, un sacramento de unión con Dios.

Creo que con esto es bastante.

b.- "La comunión de los santos"

Por comunión de los santos entendemos la comunicación espiritual o unión íntima que existe entre los fieles de la tierra, las almas del Purgatorio y los santos del cielo en Cristo Jesús.

Esto es: la unión entre la Iglesia Militante, la Iglesia Purgante y la Iglesia Triunfante, que juntas forman la Iglesia Católica Apostólica Romana.

La Iglesia Militante, que son los fieles que viven y luchan diariamente en el mundo para resolver los problemas cotidianos que se les presentan, realizando el bien y evitando el mal, tomando a Cristo como centro de su vida, con la mirada puesta en la salvación eterna.

San Pablo hablaba de nuestra actuación en la vida, como un combate, como una lucha encarnizada contra los criterios del mundo, en donde mucho se oponen a los planes del buen Jesús.

Leemos en su segunda carta a Timoteo 2, 3: *"...Soporta el trabajo y la fatiga como buen soldado de Jesucristo. Ninguno que se ha alistado en la milicia de Dios debe embarazarse con negocios del siglo, a fin de agradar a Aquel que les alistó..."*

Por eso somos llamados la Iglesia Militante, porque estamos en combate.

La Iglesia Purgante es aquella a la que pertenecen las almas de los que han muerto en gracia de Dios. Es decir: limpios de pecado y que sólo les falta purificarse en el Purgatorio para entrar al cielo.

La Iglesia Triunfante está formada por los que ya pasaron con fidelidad por las tribulaciones de este mundo y se encuentran en el cielo glorificando a Dios, como lo señala el texto del Apocalipsis 7, 13-15, que dice: *"...Uno de los Ancianos tomó la palabra y me dijo: 'Esos que están vestidos con vestiduras blancas ¿quiénes son y de dónde han venido?' Yo respondí: 'Señor mío, tú lo sabrás'. Me respondió: 'Esos son los que ya vienen de la gran tribulación; han lavado sus vestiduras y las han blanqueado con la sangre del Cordero. Por eso están delante del trono de Dios, dándole culto de día y de noche en su Santuario; y el que está sentado en el trono extenderá su trono sobre ellos...' "*

Todos, los que militamos en la vida, los que se purifican en el Purgatorio y los santos del cielo, constituimos un solo cuerpo, que es llamado el Cuerpo Místico de Cristo, de cuyo cuerpo ÉL es la cabeza, y todos los fieles, los que luchamos, los que se purifican y los que ya han triunfado, somos el resto de ese cuerpo.

Nos dice el Catecismo de la Iglesia Católica de Juan Pablo II, en el No. 962:

"...Creemos EN LA COMUNIÓN DE TODOS LOS FIELES CRISTIANOS, es decir, de los que peregrinan en la tierra, de los que se purifican después de muertos y de los que gozan de la bienaventuranza celeste, y que todos se unen en UNA SOLA IGLESIA; y creemos igualmente que en esa comunión está a nuestra disposición el amor misericordioso de Dios y de sus santos, que siempre ofrecen oídos atentos a nuestras oraciones..."

San Pablo entendió muy bien este gran misterio, cuando le fue revelado el día de su conversión.

Todos sabemos que Pablo, (Saulo de Tarso), era un fariseo riguroso en la práctica y cumplimiento de la Ley de Moisés. Su mismo pragmatismo lo había convertido en un furibundo perseguidor de cristianos, sólo hasta que el Señor le cambió el rumbo a su vida.

Cuando iba a Damasco a combatir a los seguidores de Jesús, una luz deslumbrante lo hizo caer en tierra y oyó una voz que le dice: *"...Saulo, Saulo, ¿por qué me persigues? Y Pablo le respondió: '¿Quién eres Tú, Señor?' ", y el Señor le dijo: "YO SOY JESÚS, A QUIEN TU PERSIGUES..."* (Hch 9, 4-5).

Esa fue la frase clave, cuando entendió que persiguiendo a los cristianos perseguía al mismo Cristo, que estaba en ellos y ellos en ÉL.

Y la idea la desarrolló Pablo en sus epístolas, para hacérnosla comprender a nosotros.

El misterio del Cuerpo Místico de Cristo es un tema que ha llenado muchos libros escritos por personas muy talentosas a lo largo de los siglos. En este trabajo seremos breves y sólo mencionaremos algunos textos de la Biblia, que afirman y avalan esta gran verdad.

San Pablo nos dice en 1Co 12, 12: *"...Pues del mismo modo que el cuerpo es uno, aunque tiene muchos miembros, y todos los miembros del cuerpo, no obstante su pluralidad, no forman más que UN SOLO CUERPO, así también Cristo. Porque en UN SOLO ESPÍRITU HEMOS SIDO TODOS BAUTIZADOS, PARA NO FORMAR MAS QUE UN CUERPO, judíos, griegos, esclavos y libres. Y todos hemos bebido de un solo Espíritu..."*

La unión es tan real en un solo cuerpo, que todos los bienes espirituales de la Iglesia, (empezando por el sacrificio de la pasión y muerte del Señor Jesús, cabeza de este cuerpo, las obras buenas y oraciones de todos los que vivimos la fe con plenitud en esta tierra, nuestras oraciones a favor de los difuntos que se están santificando en el Purgatorio, las oraciones que por agradecimiento a las nuestras hacen a Dios por nosotros y las constantes oraciones de todos los santos y mártires que están en el cielo) forman un tesoro de energía espiritual que beneficia a todo el Cuerpo Místico de Cristo, ya que vivimos en comunión unos con otros.

Por eso vemos cómo en toda celebración de la Santa Misa se pide siempre por la Iglesia universal, cuando el celebrante dice: "Acuérdate Señor DE LA IGLESIA EXTENDIDA POR TODA LA TIERRA y con el papa, con nuestro obispo y todos los pastores que cuidan de tu pueblo, llévala a su perfección por la caridad". "Acuérdate también DE NUESTROS HERMANOS QUE SE DURMIERON en la esperanza de la resurrección y DE TODOS LOS QUE HAN MUERTO en tu misericordia; admítelos a contemplar la luz de tu rostro". "Ten misericordia DE TODOS NOSOTROS y así, CON MARÍA, LA VIRGEN MADRE DE DIOS, LOS APÓSTOLES Y CUANTOS VIVIERON EN TU AMISTAD, (los santos), a través de los tiempos, merezcamos por tu Hijo Jesucristo compartir la vida eterna y cantar tus alabanzas".

Esta es una bellísima realidad, por demás consoladora para nosotros: saber que en cualquier parte del mundo, cada vez que se celebra una Misa, el que preside el acto y el grupo de fieles que participan en él, están haciendo oración a Dios por nosotros, aunque no nos conozcan ni sepan de nuestra existencia, oración por toda la familia cristiana que vive actualmente en el mundo, en comunión con los que se están santificando y los que ya gozan de Dios en el cielo, entonamos un himno de alabanza conjunta a los pies del Señor.

Dice el Apocalipsis en 8, 3-4: *"...Otro ángel vino y se colocó junto al altar con un incensario de oro. Le dieron gran cantidad de incienso aromático para que junto CON LAS ORACIONES DE LOS SANTOS, lo ofrecieran sobre el altar de oro que está ante el trono. Y de la mano del ángel subió el aroma del incienso, JUNTO CON LAS ORACIONES DE LOS SANTOS hasta la presencia de Dios..."*

Y los santos son la Virgen María, los Apóstoles, los mártires y todos los que luchamos en esta tierra por seguir con fidelidad la doctrina de Jesús. Con nuestras debilidades y todo, pero inconformes con nuestras infidelidades, nos arrepentimos y pedimos a Dios perdón de nuestros pecados, levantándonos una y mil veces de nuestras caídas, con la mirada llena de esperanza puesta en el cielo.

San Pablo dirigía sus cartas a los diferentes grupos cristianos que iba fundando a lo largo de los sorprendentes cuatro viajes que realizó por el mundo entonces conocido, para divulgar el Evangelio de Cristo Jesús. Y se dirigía a esas iglesias con estas palabras:

- A la Iglesia de Dios que está en Corinto, a los fieles santificados por Jesucristo, llamados SANTOS...
- Y A TODOS LOS SANTOS existentes en toda la Acaya...
- A TODOS LOS SANTOS residentes en Éfeso...
- A TODOS LOS SANTOS en Cristo Jesús que están en Filipos...
- A LOS SANTOS y fieles hermanos en Jesucristo, residentes en Colosas.

Sería insensato pensar que todos estos llamados santos no hubieran cometido pecados, porque el mismo Pablo dice tajantemente: "Todos somos pecadores". Sólo Cristo pudo decirles a los fariseos, saduceos y escribas: *"...¿Quién de vosotros puede convencerme de pecado...?"* (Jn 8, 46).

La santidad, en este caso, radica en que si tuvieron pecados no se gozaron en ellos, sino que deploraron y se avergonzaron de su caída, pidieron perdón a Dios y continuaron la lucha con empeño en el deseo de una mejora continua, para hacer crecer su fe en Jesús su Salvador y ser más dignos cristianos.

El tema del Cuerpo Místico de Cristo es fascinante. Aquel que sienta en un momento dado el llamado generoso de su corazón, para conocer más ampliamente esta espléndida verdad del Señor, puede recurrir al libro en que se publicaron los documentos del Concilio Vaticano II y leer la Constitución Dogmática sobre la Iglesia. También puede leer la Encíclica *Mystici Corporis,* escrita por el papa Pío XII. Son muy aleccionadoras.

En las epístolas de san Pablo podemos encontrar doctrina sobre este punto, como en la primera carta a los corintios 12, 1-31. Colosenses 1, 18; 2,19; 3, 15; efesios 1, 22-23, capítulos 2 y 3, y capítulo 4, 15-16, etc.

Hay tanto escrito sobre ese tema. Sólo falta voluntad de aprender.

EL CREDO NICENO-CONSTANTINOPOLITANO dice: Creo en la Iglesia que es una, santa, católica y apostólica.

Este CREDO dice que cree en la Iglesia, pero además da cuatro características que la distinguen como la verdadera Iglesia de Cristo. Características que ningún otro grupo de los llamados cristianos tienen.

¿Que hay otras iglesias cristianas que no son católicas?

Sí. Desafortunadamente sí. Pero esto no debe extrañarnos. Los enemigos de la Iglesia empezaron en el mismo tiempo de Cristo Jesús, a quien mataron en la cruz. En páginas anteriores ya hablamos de las controversias, las herejías, los cismas, los desertores, que se sucedieron desde que los apóstoles iniciaron la predicación. Muchos no respetaron la hermosa herencia que el Señor Jesús había dejado: Su Evangelio. Y tuvieron la osadía de poner en entredicho esa doctrina, tratando irrespetuosamente de acomodarla a su capricho.

Ya Jesús alertaba a sus discípulos sobre este peligro. Mateo nos relata en 7, 15-16: *"...Guardaos de los falsos profetas que vienen a vosotros con vestidos de ovejas, y por dentro son lobos rapaces. Por sus frutos los conoceréis..."* Y en Juan 10, 16: *"...Y tengo otras ovejas que no son de este redil; y es necesario que las reúna, y oirán mi voz y habrá UN SOLO REBAÑO, UN SOLO PASTOR..."*

La Iglesia Católica ha sufrido en nuestro siglo muchas deserciones. En el ejército esta falta es castigada con la muerte. Es traición a la patria. En la Iglesia, estos hechos son deplorables; nos causan mucha tristeza, porque son hermanos que dejan el verdadero camino y se alejan de nuestro Señor poniendo en peligro su salvación. Y sólo nos queda el recurso de orar por ellos, para que regresen a la casa paterna.

Esas gentes se van a otras sectas porque no saben lo que dejaron. Y no saben lo que dejaron porque nunca se preocuparon por conocer a Jesús y su doctrina. Y como no están instruidos en la fe, de manera de poder discernir lo que es la verdad y lo que es mentira, caen en el engaño con sorprendente facilidad. Su misma ignorancia es aprovechada por los enemigos de la Iglesia para engañarlos y sacarlos de su casa. Por algo existe el dicho popular que reza: "el que no conoce a Dios, dondequiera se anda hincando".

Ya lo dice san Pedro en su segunda carta 2, 1-3: *"...Como hubo falsos profetas en el pueblo (Israel), también entre ustedes habrá falsos maestros que promoverán sectas perniciosas. Negarán al Señor que los rescató y atraerán sobre sí una inminente ruina. Muchos se sumarán a sus desvergüenzas, y por su culpa será difamado el camino de la verdad. Llevados por su codicia BUSCARÁN APROVECHARSE DE USTEDES CON PALABRAS ENGAÑOSAS. Pero hace tiempo que está decretada su condena y a punto de iniciarse su perdición..."*

Hay cientos de sectas llamadas cristianas y cada una de ellas sustenta una creencia diferente a la que nos dejó el Señor Jesús.

Algunos se atreven a modificar y suprimir textos de la Biblia. Es decir, la mutilan o la acomodan a su capricho.

Conviene establecer de una vez por todas, que hay un solo Dios, un solo Jesucristo, Hijo de Dios, que vino a este mundo a establecer SU IGLESIA, dejándonos su Evangelio como camino de vida. Y que sólo hay un Evangelio de nuestro Señor Jesucristo y UNA SOLA IGLESIA.

Que ese Evangelio es para aceptarse en su totalidad. No sólo lo que nos gusta o nos parece conveniente y el resto lo desechamos. Se acepta y se cree EN SU TOTALIDAD, porque es palabra de nuestro Señor Jesucristo y a ÉL no hay que ponerle condiciones.

Pero veamos esas características singulares y únicas, que hacen de la Iglesia Católica la verdadera y única Iglesia fundada por Jesús.

a.- UNA

1.- Sólo hay UNA IGLESIA fundada por nuestro Señor Jesucristo.
2.- Jesucristo predicó SOLAMENTE UN EVANGELIO, una Buena Noticia. Que es camino para la salvación de todos los hombres.
3.- El Evangelio de Jesús es la verdad en su máxima expresión. Jesús es Dios y Dios no miente. ÉL mismo dijo *"...Yo soy el camino, la verdad y la vida..."*

4.- El Evangelio que se predica en todos los países católicos del mundo, ES EL MISMO que nos predicó Jesús en Palestina, hace dos mil años y se seguirá predicando hasta el fin de los tiempos. ES EL MISMO que ordenó Jesús a sus apóstoles predicar a todos los hombres cuando dijo: *"...enséñenles a guardar todo lo que YO os he mandado..."* (Mt 28, 20).

5.- Todos los bautizados, que por ese solo hecho pertenecemos a la IGLESIA CATÓLICA, profesamos LA MISMA DOCTRINA PREDICADA POR JESÚS. Es decir: profesamos UNA SOLA FE, UN MISMO CREDO.

6.- El DOGMA, MORAL Y CULTO SON IGUALES en todos los países en donde se practica la fe cristiana y es defendida y sostenida por todos los fieles, independientemente de raza, nacionalidad, sexo y color.

7.- Los dogmas que sustenta la IGLESIA CATÓLICA, están contenidos en EL CREDO que proclaman todos los fieles esparcidos por el mundo.

8.- Los preceptos morales están perfectamente establecidos en los Diez Mandamientos, dictados por Yahvé Dios, en el Monte Sinaí, además de las enseñanzas evangélicas escuchadas de labios de Jesucristo nuestro Señor por los apóstoles y por el pueblo judío. (Mateo los menciona en el capítulo 5, 6 y 7 del Evangelio. Se aconseja leerlos y profundizarlos).

   El cumplimiento de estos preceptos es indispensable para poder aspirar a la vida eterna.

9.- El culto, que es la celebración de actos de homenaje externo de respeto y amor que el cristiano tributa a Dios, en las catedrales, basílicas, templos y capillas y también en los hogares cristianos, es el llamado culto de latría, que significa ADORACIÓN y sólo se debe a Dios.

Este culto también se manifiesta interiormente en los fieles, con actos de fe, esperanza y caridad. El culto de dulía o VENERACIÓN, se tributa a los ángeles, santos y a los beatos. Y el culto de hiperdulía, que se tributa a la Santísima Virgen María, por ser Madre de Dios, que es UNA VENERACIÓN ALGO MAYOR QUE A LOS SANTOS, debido a que es la Madre de Dios y madre nuestra. Aquí conviene aclarar ese desacuerdo que hay con otras confesiones que nos llaman idólatras porque según dicen ellos adoramos a los santos. ¡No señores! ¡No es adoración! Adoración sólo a Dios. A la Virgen y a los santos, sólo VENERACIÓN. No lo olviden.

En este desacuerdo interviene la mala fe de aquellos que quieren desprestigiar a nuestra Iglesia con mentiras y engaños flagrantes o puede deberse también a mera ignorancia y desconocimiento del significado de las palabras. ¡Cuidado con lo que se dice!

10.- Los Sacramentos, establecidos por nuestro Señor Jesucristo (están en la Biblia, no son creación de los sacerdotes sino de Jesús), se realizan a lo largo y ancho del mundo cristiano, como centro de la vida litúrgica, como son las ceremonias de culto que se efectúan en los templos. La práctica de ellas es esencialmente IGUAL. La misa, por ejemplo, la escucharemos en alemán en Alemania, en inglés en los Estados Unidos y en español en México, pero la ceremonia tiene el mismo desarrollo y la misma significación que le dio nuestro Señor Jesucristo. La diferencia se reduce al idioma que se usa.

11.- En la IGLESIA CATÓLICA, nadie cree por su cuenta. Todos vivimos la misma fe, conducidos por el papa, jefe de la Iglesia y con los obispos que forman una unidad de gobierno y fomentan la unidad de la Iglesia.

b.- SANTA

Me parece que esta es una característica de la Iglesia Católica, que no pasa desapercibida para nadie sobre todo si tomamos en consideración la indiscutible santidad de su fundador, Jesucristo nuestro Señor.

Jesucristo, Hijo de Dios, como ya quedó suficientemente expuesto en capítulos anteriores, junto con el Padre y el Espíritu Santo, son un solo Dios.

En Levítico 11, 44 leemos lo siguiente: *"...Porque yo soy Yahvé, vuestro Dios; SANTIFICAOS Y SED SANTOS, pues **YO SOY SANTO**".*

De esto se desprende que SANTO ES DIOS Y CONSECUENTEMENTE SANTA ES LA TRINIDAD DE DIOS Y SANTA SU IGLESIA.

Cuando el ángel Gabriel le anuncia a la Virgen María que va a ser madre de Jesús, le dice estas palabras: *"...El Espíritu Santo vendrá sobre ti y el poder del altísimo te cubrirá con su sombra. Por eso lo que nacerá (Jesús, el Mesías), SERÁ SANTO, llamado Hijo de Dios..."*

¡Hasta Satanás reconoce la santidad de Jesús! Cuando el Maestro se encuentra a un hombre que estaba poseído por un espíritu impuro, en las afueras de la sinagoga de Cafarnaúm, dice el texto que éste empezó a gritar diciéndole a Jesús: *"...¿Qué tenemos que ver tú y yo, Jesús de Nazaret? ¿Has venido a perdernos? SÉ QUIÉN ERES TÚ.* ***EL SANTO DE DIOS..."*** (Lc 4, 34).

Creo que esto está fuera de toda discusión. Cristo es el SANTO DE LOS SANTOS.

Por eso la Iglesia Católica ES SANTA, porque SANTO es su fundador, Jesucristo y ES SANTA su doctrina, la cual produce continuamente frutos de SANTIDAD ENTRE SUS FIELES y la fundó para continuar, por medio de ella, la obra de la salvación de todo el género humano. Dice san Pablo en 1Ts 4, 3: *"...Porque esta es la voluntad de Dios: vuestra SANTIFICACIÓN..."*

Los frutos de SANTIDAD en la Iglesia Católica se aprecian en las acciones vividas por tantos santos y santas que escribieron páginas gloriosas, para muchos conocidas, que muestran al mundo las virtudes más admirables y las acciones más maravillosas realizadas en beneficio de los hombres.

También es SANTA la Iglesia Católica por el gran número de fieles, que lejos de los reflectores, de ostentaciones ridículas y de las alabanzas del mundo, llevan una vida limpia, sólo para agradar a Dios y servir a sus hermanos los hombres. Y su actuación fue tan elocuente, expresada sin palabras, pero con ejemplos de vida concretos, que nos maravillan.

Suficiente.

c.- CATÓLICA

Católico quiere decir universal, porque la palabra de Dios es para todos los hombres, de todos los tiempos y de todos los pueblos, sin distinción de razas.

Volvemos a recordar la MISIÓN que Cristo le dio a sus Apóstoles y en ellos a SU IGLESIA: *"...Id pues y haced discípulos a TODAS LAS GENTES, bautizándolas en el nombre del Padre, y del Hijo y del Espíritu Santo..."* (Mt 28, 19). Y además les dijo: *"...de este modo seréis mis testigos en Jerusalén, en toda Judea y Samaria, y HASTA LOS CONFINES DE LA TIERRA..."* (Heb 1, 8).

De tal suerte que el Evangelio no fue sólo para los judíos y gentiles de los tiempos de Jesús, sino además para las generaciones que vinieron después hasta el día de hoy y para las que vendrán en el futuro, hasta la consumación de los tiempos.

La Iglesia Católica es llamada Romana, porque es en Roma donde reside el jefe visible de ella: EL PAPA, representante de Cristo en la tierra y obispo de Roma y de él salen las directrices para realizar la MISIÓN que Cristo le dejó a la Iglesia.

Desde allí el papa nombra a los obispos a quienes da poder de jurisdicción, y éstos delegan funciones a los párrocos y sacerdotes en cada diócesis para realizar la gran tarea de evangelización y santificación de los fieles por medio de los sacramentos, en medio de una ejemplar unidad de gobierno.

Dijo Jesús en su maravillosa oración sacerdotal: *"...No ruego sólo por ellos (sus apóstoles), sino también por los que han de creer en MÍ por su palabra. Que SEAN TODOS UNO, COMO TÚ Padre en mí y yo en ti, que ellos sean uno en nosotros, para que el mundo crea que tú me has enviado..."* (Jn 17, 20-21).

Por el nombre de Iglesia Católica Romana quedamos identificados con más precisión, porque ese nombre nos habla de la ÚNICA IGLESIA fundada por Jesucristo.

En estos tiempos, además de decir que somos cristianos, necesitamos agregar que somos católicos, apostólicos y romanos, para que no haya confusión con los innumerable grupos llamados simplemente cristianos, que no lo son en realidad, porque practican y predican SOLAMENTE UNA PARTE DE LA DOCTRINA DE CRISTO JESÚS.

No es necesario decir más.

d.- APOSTÓLICA

Ya quedamos en que en Cristo Jesús tiene su origen la Iglesia Católica, establecida para la evangelización de todos los hombres.

Los apóstoles no predicaron lo que se les ocurrió, sino que responsablemente se convirtieron en repetidores serios y verídicos de la doctrina de Jesús.

Ya en capítulos anteriores dijimos cómo fue.

Se cuidó escrupulosamente conservar la pureza de la fe, enseñando sólo la verdad. Hay textos que nos hacen sentir el cuidado que se tenía de no corromper las enseñanzas de Jesús.

En la carta de san Pablo a los gálatas 1, 9 leemos: *"...Como os tengo dicho, también ahora lo repito: Si alguno os anuncia un evangelio distinto del que habéis recibido, ¡SEA MALDITO...!"*

Del mismo Pablo a los Colosenses, 2, 6-7: *"...Vivid, pues, según Cristo Jesús, el Señor, TAL COMO LO HABÉIS RECIBIDO; arraigados y edificados en ÉL; apoyados en la fe, TAL COMO SE OS ENSEÑÓ, rebosando agradecimiento..."*

San Pablo a los tesalonicenses 2, 15 les dice: *"...Así que, hermanos míos, estad firmes, y MANTENED las tradi-*

ciones que habéis aprendido, ora por medio de la predicación, ora por carta nuestra..."

San Pablo escribió en 1Ti 6, 20: *"...¡Oh Timoteo! GUARDA EL DEPÓSITO DE LA FE QUE TE HE ENTREGADO, evitando las novedades profanas en las expresiones y las contradicciones de la ciencia que falsamente se llama tal, ciencia que profesándola algunos vinieron a perder la fe..."*

Un texto más:

Segunda carta de Pablo a Timoteo 2, 2: "...Las cosas que de mí has oído delante de muchos testigos, CONFÍALAS A HOMBRES FIELES QUE SEAN IDÓNEOS PARA ENSEÑARLAS TAMBIÉN A OTROS..."

Pero LOS DOCE no iban a vivir eternamente. Como todos tenían que morir. Once de LOS DOCE, murieron mártires, pero la divulgación del Evangelio tenía que seguir. Así que nombraron sucesores, mediante la "imposición de manos", signo visible que significaba y significa aún, la delegación de poderes que habían recibido de nuestro Señor Jesucristo para continuar la misión. Por medio de este signo recibían la potestad de celebrar la "fracción del pan" (la Eucaristía), bautizar, confirmar, confesar, predicar, etc.

La historia de la Iglesia nos muestra un listado de los 266 papas que han gobernado a la Iglesia. Nos habla de los primeros obispos en Antioquía, en Jerusalén, en Esmirna, en Alejandría y menciona cuáles iban siendo sus sucesores.

En fin. La Iglesia Católica es una cadena continua, cuyo primer eslabón, el eslabón maestro, es Cristo Jesús, quien entregó a sus apóstoles la misión de cristianizar al mundo, y éstos, a sus sucesores, que forman una sucesión de eslabones que no son cuentos, sino realidades certificadas por la historia.

San Pablo habla de la Iglesia en su carta a los efesios 4, 4-6, así: "...UN SOLO CUERPO, UN SOLO ESPÍRITU como UNA ES LA ESPERANZA a quienes habéis sido llamados. UN SOLO SEÑOR, UNA SOLA FE, UN SOLO BAUTISMO, UN SOLO DIOS Y PADRE de todos, que está sobre todos, actúa por todos y está en todos".

La Iglesia Católica inició su predicación en la fiesta de Pentecostés en el año 33 dC, y con la fuerza del Espíritu Santo que habían recibido los apóstoles del Señor, se lanzaron a conquistar el mundo para Cristo. Y desde entonces se predica EL MISMO EVANGELIO DE JESÚS, el mismo que empezaron a predicar los apóstoles por encargo de ÉL, el mismo que se ha predicado desde entonces por ellos y sus sucesores, hasta el día de hoy. Por eso nos llamamos APOSTÓLICOS. IGLESIA CATÓLICA, APOSTÓLICA, ROMANA.

Las características de Una, Santa, Católica y Apostólica, no las tienen las confesiones llamadas evangélicas o las llamadas simplemente cristianas, características que exigen disciplina y fidelidad a sus orígenes y ellas no las tienen.

Por aquello del "libre examen" que sustentan, en donde cada quien puede creer lo que quiere e interpretar la Escritura como se le antoje, de ello se deriva una inmensa variedad de criterios de interpretación, que rompen toda unidad. Porque LA VERDAD ES UNA, inconfundible e irrefutable.

Por otra parte, en estas confesiones profesan sólo parte de la doctrina de Jesús y sus biblias han sido modificadas a su capricho, han sido mutiladas o interpretadas erróneamente, por lo que malamente se llaman cristianas.

No hay en ellas catolicidad o universalidad, porque como decía Balmes con bastante claridad: "si se consideran juntas, no tienen unidad, y si separadamente no tienen catolicidad, y sabido es que tienen diversos credos".

Tampoco tienen apostolicidad, porque rompieron con el cristianismo predicado por LOS DOCE APÓSTOLES. Ahora creen una doctrina distinta. Su práctica sacramental es muy diferente a la nuestra.

Con esto es bastante.

ARTÍCULO DÉCIMO DEL CREDO: "Creo en el perdón de los pecados"

El CREDO NICENO-CONSTANTINOPOLITANO amplía la idea en estos términos:

> **"Confieso que hay un solo bautismo para el perdón de los pecados".**

Pero, ¿qué tiene que ver el bautismo con el perdón de los pecados? Mucho. Veamos:

Ya en páginas anteriores vimos la historia del famoso "pecado original", protagonizado por Adán y Eva, la primer pareja humana, que fue adornada por Dios con grandes dones, convirtiéndola en algo sensacional.

Todos los regalos que el Señor les había hecho, estaban condicionados a ser obedientes a Dios. Sin embargo, Adán y Eva fueron seducidos por Satanás, desobedecieron al Señor, cometiendo el primer pecado de la humanidad.

Por ello perdieron todos los dones que Dios les había otorgado y fueron expulsados del Paraíso Terrenal, quedando sujetos al dolor, a la enfermedad, a la necesidad y a la muerte. Además de quedar marcados con una persistente inclinación al pecado. ¡Nada más fácil que pecar!

¡Cuánta dificultad para practicar la virtud, para vivir en la responsabilidad, para servir a los demás! Fue un lamentable y desastroso decaimiento moral.

Toda la humanidad iba a tener los mismos privilegios que tenían nuestros primeros padres, pero como éstos pecaron y perdieron todas sus prerrogativas, lo único que nos quedó como herencia fue el dolor, la enfermedad, la tendencia al pecado y la muerte. Nos dejaron lo único que tenían. Todo lo demás lo habían perdido por su traición a Dios.

Por eso, al nacer, todos traemos a cuestas el famoso Pecado Original. Nada imputable a nosotros, ya que no fuimos autores del pecado. Todo se reduce a la herencia recibida de nuestros primeros padres.

David lo menciona en el famoso salmo 50 (51), 7, llamado el "Miserere": *"...Mira que en culpa nací y que en pecado me concibió mi madre..."*

Pero Dios, que es nuestro Padre y que nos ama como nadie, que por eso nos ha dado la vida y la posibilidad de disfrutar de todo lo creado por sus manos, promete enviar a su Hijo para rescatar a la humanidad del pecado y restaurar, para ella, la posibilidad de ganar la vida eterna. Y para eso, se olvida de todo lo pasado y empieza nuevamente a realizar en nuestras vidas su plan original.

Por eso la confesión de que "hay un solo bautismo para el perdón de los pecados", porque por medio del bautismo se nos perdona el Pecado Original y volvemos a recuperar la gracia santificante que nos garantiza la salvación eterna.

Es una gracia, que SI QUEREMOS, la podemos hacer un hábito permanente de vida. Nos justifica, perdonando nuestros pecados que nos hacen enemigos de Dios. Y nos santifica comunicándonos una nueva vida que nos hace gratos a Dios.

Si recibimos el bautismo cuando somos niños, se nos perdona el Pecado Original; pero cuando éste se recibe en edad adulta, se nos perdonan todos los pecados cometidos en nuestra vida.

Esto no quiere decir que sea sano bautizarnos hasta cuando nos estemos muriendo y vivir durante nuestra vida permanentemente en el pecado. Recordemos que nadie en pecado entrará en la vida eterna.

Dice Apocalipsis 21, 27: *"...No entrará en esta ciudad cosa sucia, ni quien comete abominación y falsedad, sino solamente los que se hallan escritos en el libro de la vida del Cordero..."* Es decir, los que se afanaron por practicar la doctrina de Jesús.

Nadie sabe el día que se va a morir. Por lo tanto, habría que hacerle caso al Señor Jesús que recomienda en su Evangelio: *"...Estad alertas, porque no sabéis el día ni la hora..."* (Mt 25, 12).

Cuando tengamos la desgracia de cometer algún pecado grave, recurramos, con las debidas disposiciones, al Sacramento de la Reconciliación o Sacramento de la Penitencia, arrepintiéndonos de nuestras faltas y con un sincero deseo de mejorar nuestra conducta, confesemos nuestros pecados al sacerdote, quien tiene el poder de perdonarlos, un poder que Cristo Jesús le dio a sus apóstoles y en ellos a todos sus sucesores.

Leamos Juan 20, 21-23: *"...Jesús les dijo otra vez: 'La paz sea con vosotros. Como el Padre me envió también yo os envío'. Dicho esto, sopló sobre ellos y les dijo: 'Recibid al Espíritu Santo. A quienes les perdonéis los pecados, les quedan perdonados; a quienes se los retengáis, les quedan retenidos...' "*

Esto es suficiente:

ARTICULO UNDÉCIMO DEL CREDO: "Creo en la resurrección de la carne"

En páginas anteriores, cuando comentábamos sobre la resurrección de nuestro Señor Jesucristo, decíamos que el concepto de resurrección no era desconocido para las gentes contemporáneas de Jesús; se sabía de siglos atrás y anotamos algunos textos que así lo demostraban.

Los fariseos que sí creían en la resurrección de los muertos, frecuentemente se enfrascaban en largas y enconadas discusiones con los saduceos que no creían en ella.

Por supuesto que la resurrección no se reduce solamente a Jesús como único beneficiario de este suceso, sino debido a que ÉL resucitó nos transmite a todos los hombres la misma posibilidad.

San Pablo nos dice en su carta a los romanos 8, 11: *"...Y si el espíritu de Aquél que resucitó a Jesús de entre los muertos habita en vosotros, Aquél que resucitó a Cristo de entre los muertos DARÁ TAMBIÉN VIDA A VUESTROS CUERPOS MORTALES POR SU ESPÍRITU QUE HABITA EN VOSOTROS..."*

Y también dice en su carta a los filipenses 3, 20-21: *"...Nosotros, en cambio, somos ciudadanos del cielo, de donde esperamos como Salvador a Jesucristo el Señor. ÉL TRANSFORMARÁ NUESTRO FRÁGIL CUERPO EN UN CUERPO GLORIOSO COMO EL SUYO, EN VIRTUD DEL PODER QUE TIENE PARA SOMETER TODAS LAS COSAS..."*

En el libro de Job 19, 25-27 podemos leer: *"...Porque yo sé que vive mi Redentor y que yo he de resucitar del polvo de la tierra en el último día y de nuevo he de ser revestido de esta piel mía y en esta mi carne veré a mi Dios; a quien he de ver yo mismo en persona y no por medio de otro... Esta es la esperanza que en mi pecho tengo depositada..."*

Y Jesús, el Señor, nos habla ÉL mismo de nuestra resurrección. Veamos estos textos:

"...Y cuantos hicieron el bien saldrán para resurrección de la vida; los que hicieron el mal, para la resurrección de la condenación..." (Jn 5, 29).

Cuando Juan relata el sensacional pasaje de la resurrección de Lázaro en 11, 25, Jesús declara en forma tajante: "...Yo soy la resurrección y la vida. El que crea en mí AUNQUE MUERA VIVIRÁ..."

No es necesario agregar más.

ARTÍCULO DUODÉCIMO DEL CREDO: "Creo en la vida eterna"

No sólo los cristianos creemos en la otra vida, también creen en ella otras muchas confesiones, aunque cada una de ellas la define de diferente manera, y llegado el momento de dejar esta vida para continuar en otra muy diferente, hay que pasar por el inevitable trance de la muerte.

A pesar de ser la muerte algo tan sabido e ineludible, el pensar en ella nos produce gran temor, porque generalmente la asociamos a la enfermedad y el dolor que acompañan a este terrible evento, y que termina con el don más preciado del ser humano: la vida.

A veces las agonías se prolongan por meses o por años, en los que los padecimientos son tales, que se vuelven insoportables. Pero Dios no inventó las enfermedades ni el dolor. Todo es consecuencia del pecado original del que ya hemos hablado sobradamente. Si éste no hubiera ocurrido, tampoco existirían los padecimientos, los sufrimientos, ni la muerte.

Algunas muertes se presentan en forma súbita. No hay dolores ni sobresaltos. Simplemente no se despiertan al día siguiente o se desploman al suelo sin vida. Ni una palabra. Ni una despedida. Ni una alerta. No hay tiempo para nada. Sólo para morir.

El temor radica primero, en lo terrible que pueda ser el mal que nos va a llevar a la tumba. ¿De qué me voy a morir? ¿Cuándo? ¿Dónde? ¡Sólo Dios lo sabe! Y en segundo lugar, el cuestionamiento: ¿qué sigue después de la muerte?

Esta última preocupación es sólo para aquellos que no creen en Dios y no saben de ÉL, porque nunca han tenido el cuidado de instruirse en la fe. Y sin Dios, la angustia, el desamparo y la desesperanza son totales.

Otros más piensan simplemente que con la muerte se termina todo. Y yo me pregunto: ¿De veras lo creerán? ¿O les gustaría que de veras no hubiera nada, para no ser juzgados por su degenerada vida? ¿O sólo cierran los ojos y beben a grandes sorbos la copa de la vida, y ya? *"Dijo el necio en su corazón (*no en su inteligencia*) ¡Dios no existe!"* (Salmo 14 (15), 1).

Pero la respuesta está a la vuelta de la esquina; sólo que, para cuando se den cuenta de lo equivocados que estaban, será demasiado tarde. Ya no hay nada que hacer. Se cerró el libro de la vida y nada se puede rectificar, nada se puede quitar o poner, sino sólo esperar el juicio de Dios.

"Me dijeron que no existías...", alegarán unos. "Es que yo no sabía...", dirán otros. Pero no hay excusas. Las revelaciones de Dios a los hombres llegan de muy diversas maneras. Pero siempre llegan. El descuido en el que los hombres tienen a Dios, no es culpa de ÉL, sino de ellos mismos.

Algunos reciben las noticias de Dios por medio de sus padres, de sus maestros, de sus amigos. A través de las páginas de algún buen libro o por los cariñosos llamados del Espíritu Santo, que silenciosa y constantemente le habla al corazón de los hombres. Pero hay que ponerles atención.

Todos los días en la misa se pregona la palabra de Dios. Pero si no se tiene la costumbre de ir al templo, el mensaje les pasará de noche. Y si a eso se agrega que cierran obstinadamente las puertas de sus oídos y del corazón a todo lo que habla de Dios, lo alejan de su vida y dedican su atención a escuchar exclusivamente las voces del mundo, que siembran en su corazón el engaño y la mentira, encaminándolos al desastre total.

Volvemos a comentar que la mayor parte de las creencias religiosas tienen por segura la vida después de la muerte, cada una de diferente manera. Veamos algunos ejemplos.

El hinduismo vive el paso de esta vida a la otra, de esta manera:

Cuando un hindú cree que sus días están contados, hace lo posible por ir a la ciudad de Benares para lavarse de sus pecados en la corriente del río Ganges. En las orillas de este río arden día y noche las hogueras en las que son quemados los cadáveres de los que han muerto. Piensan que la muerte es para ellos la liberación de la larga cadena de reencarnaciones.

Así termina el proceso de vida de la gente ordinaria, no así de aquellos que son considerados santos, los sannyasi, que teóricamente "han vuelto a ser una sola cosa con Brahmán", una de las principales deidades hindúes.

Cuando éstos mueren, los jóvenes adornan su cadáver con guirnaldas, lo cargan de piedras y lo entregan a las aguas del río Ganges. Le cantan himnos de alegría, porque otra alma se ha unido a Dios.

Se percibe una sensación de vaguedad ¿verdad?

Por su lado, los budistas hablan de la otra vida así:

El Nirvana que comienza con la muerte, consiste en la completa supresión de las posibilidades de una nueva reencarnación. "No sabemos hacia dónde ha ido. Tampoco conocemos con certeza el camino que sigue, a través de las aguas, el que va a la suprema salvación", dicen. Y se palpa la incertidumbre.

Se cuenta que cuando los musulmanes mueren, después de la oración que se reza junto a su tumba, suelen susurrarle al muerto algunas preguntas que les parecen básicas: ¿Quién es Dios? Y contestan ellos mismos como para instruir al muerto: Alá. ¿Cuál es su religión? Y de la misma manera responden ellos: el islam. Y preguntan por último: ¿Quién es el profeta? Y concluyen: es Mahoma.

Según eso, con esto preparan al difunto para el interrogatorio que tendrá que sufrir de parte de los ángeles Munkar y Nakir. Y si contesta bien, podrá disfrutar de las delicias del paraíso prometido por Mahoma. Incertidumbre total.

Para nosotros los cristianos, la gran verdad es que todos al final de la vida tenemos que morir inevitablemente. Nuestro cuerpo se pudrirá en la sepultura o quedarán confinadas nuestras cenizas en una cajita después de nuestra cremación, pero nuestra alma seguirá viva esperando el día de la resurrección final, en donde junto con nuestro cuerpo seremos llamados a la vida eterna si obramos bien o a la muerte eterna si vivimos mal.

¿Textos? Hay muchos. Transcribimos sólo algunos:

El apóstol san Juan nos relata en Apocalipsis lo que el Señor le reveló, acerca del cielo y el trono de Dios.

Cuando decimos revelación, no es imaginación producto de trastornos mentales; es lo que Dios hace conocer de su persona y de su reino, para hacernos saber que no es una quimera, sino una realidad.

El texto nos parecerá de un escenario extraño, de ciencia ficción, algo novelesco y lleno de imaginación, que nos invita a mostrarnos incrédulos. Pero les recuerdo que es un texto de la Sagrada Escritura, que es palabra de Dios y Dios no miente.

El mismo Juan cuando ve esa asombrosa escena, escribe: *"...me desplomé a sus pies como muerto, pero ÉL puso su mano derecha sobre mí diciendo: 'No temas; yo soy el primero y el último; yo soy el que vive. Estuve muerto, pero ahora vivo para siempre y tengo en mi poder las llaves de la muerte y del abismo...' "* (Ap 1, 17-18).

No queramos ver EL CIELO como una ciudad supermoderna, llena de palacios o de rascacielos impresionantes. Eso sería obra de los hombres. Nunca podremos imaginar lo que es la residencia del Dios Padre Todopoderoso. Ni Juan pudo describir lo que veía y sólo se limitaba a poner comparaciones para explicarlo todo. Una especie de figura humana... Sus pies como bronce en horno de fundición... Su rostro como el sol..., etc.

Apocalipsis 4, 1-11: *"...Después de todo esto, tuve una visión. Vi una puerta abierta EN EL CIELO, y la voz* ***semejante*** *a una trompeta, que me había hablado al principio, decía: Sube aquí y te mostraré lo que ha de suceder en adelante.*

De pronto caí en éxtasis y VI UN TRONO COLOCADO EN EL CIELO Y ALGUIEN SENTADO EN EL TRONO. El que estaba sentado tenía un aspecto resplandeciente ***como*** *piedra de jaspe y de sardonio, y una aureola* ***parecida a*** *la esmeralda rodeaba el TRONO. Alrededor del TRONO había otros veinticuatro tronos, en los cuales estaban sentados veinticuatro ancianos vestidos de blanco y con coronas de oro en la cabeza. Relámpagos y truenos retumbantes sa-*

lían del TRONO: siete lámparas de fuego –que son los siete espíritus de Dios– ardían en presencia del TRONO, y delante había también un mar transparente **como** *de cristal..." "...En medio del trono y a su alrededor, había cuatro seres vivientes..." "...y día y noche proclamaban sin cesar: Santo, santo, santo, Señor Dios todopoderoso, el que era, el que es y el que está a punto de llegar..."*

"Y cada vez que los seres vivientes daban gloria, honor y acción de gracias AL QUE ESTÁ SENTADO EN EL TRONO Y VIVE POR SIEMPRE, los veinticuatro ancianos se postraban ANTE EL QUE ESTÁ SENTADO EN EL TRONO, ADORABAN AL QUE VIVE POR SIEMPRE Y ARROJABAN SUS CORONAS A LOS PIES DEL TRONO diciendo:

"DIGNO ERES, SEÑOR Y DIOS NUESTRO, DE RECIBIR LA GLORIA, EL HONOR Y EL PODER..." Esto fue una visión de Dios y del cielo.

También Esteban, cuando iba a ser apedreado por los judíos, tuvo la visión del Reino de Dios. Dice Hechos 7, 54-56: *"...Al oír esto, se llenaron de rabia y apenas podían contener su furor contra él. Pero Esteban, lleno del Espíritu Santo, mirando fijamente al cielo, vio la gloria de Dios y a Jesús de pie a la derecha de Dios, y exclamó: VEO LOS CIELOS ABIERTOS, Y AL HIJO DEL HOMBRE A LA DERECHA DE DIOS..."*

No son elucubraciones ni desatinos. Son realidades. Existe la otra vida. Existe la vida eterna prometida por nuestro Señor Jesucristo, para aquellos que saben oír su Palabra y llevarla a la práctica. Existe la condenación eterna para los que niegan esta gran verdad y no viven el Evangelio.

Sólo unos cuantos textos más, que son palabras pronunciadas por los labios de nuestro Salvador Jesús, en los que reitera sus promesas de salvación:

"...El que come mi carne y bebe mi sangre, TIENE VIDA ETERNA, Y YO LO RESUCITARÉ EL ÚLTIMO DÍA..." (Jn 6, 54).

"...Todo el que vive y cree en MÍ, NO MORIRÁ JAMÁS..." (Jn 11, 26).

Palabras de Dimas al Señor, en el Calvario: *"...Jesús, acuérdate de mí CUANDO ESTÉS EN TU REINO. Y le contestó el Señor Jesús: 'En verdad te digo que HOY ESTARÁS CONMIGO EN EL PARAÍSO...' "* (Lc 23, 42-43).

"...No amontonéis tesoros en la tierra, donde hay polilla y herrumbre que corroen y ladrones que socavan y roban. Amontonad más bien tesoros EN EL CIELO, donde no hay polilla ni herrumbre que corroan, ni ladrones que socaven y roben..." (Mt 6, 19-20).

El texto siguiente fortalece nuestra fe y como resultado es excepcionalmente esperanzador:

"...No se turbe vuestro corazón. ¿Creéis en Dios?, creed también en MÍ. ***EN LA CASA DE MI PADRE HAY MUCHAS MORADAS.*** *SI NO, OS LO HUBIERA DICHO;* ***PORQUE VOY A PREPARAROS UN LUGAR.*** *Y cuando os haya preparado lugar, después de irme, de nuevo volveré* ***PARA TOMAROS CONMIGO, A FIN DE QUE ESTÉIS DONDE YO ESTOY..."*** (Jn 14, 1-3).

Si queremos estar con nuestro Señor, ya sabemos con seguridad que hay un lugar para todo aquel que cree en Jesús, y ya sabemos muy bien lo que tenemos que hacer para conseguirlo.

El último texto sería este:

"...Y vi un cielo nuevo y una tierra nueva. Habían desaparecido el primer cielo y la primera tierra y el mar ya no existía. Vi también bajar del cielo, enviada por Dios, a la ciudad santa, la nueva Jerusalén, engalanada como una novia que se adorna para su esposo. Y oí una fuerte voz, salida del trono que decía: 'ESTA ES LA TIENDA DE CAM-

PAÑA QUE DIOS HA INSTALADO ENTRE LOS HOMBRES. ACAMPARÁ CON ELLOS; ELLOS SERÁN SU PUEBLO Y DIOS MISMO ESTARÁ CON ELLOS. ENJUGARÁ LAS LÁGRIMAS DE SUS OJOS Y NO HABRÁ YA MUERTE, NI LUTO, NI LLANTO, NI DOLOR, PORQUE TODO LO ANTIGUO HA DESAPARECIDO'. Y dijo el que estaba sentado en el trono: 'Yo hago nuevas todas las cosas' y añadió: 'Escribe que ***ESTAS PALABRAS SON DIGNAS DE CONFIANZA'.*** *Me dijo finalmente: '¡Ya está! Yo soy el Alfa y la Omega, el principio y fin. Al que tenga sed, le daré de beber gratis de la fuente del agua de la vida. EL VENCEDOR RECIBIRÁ ESTA HERENCIA, PUES YO SERÉ SU DIOS Y ÉL SERÁ MI HIJO. En cuanto a los cobardes, los incrédulos, los depravados, los criminales, los lujuriosos, los hechiceros, los idólatras y todos los embusteros, están destinados al lago ardiente de fuego y azufre, QUE ES LA SEGUNDA MUERTE...' "* (Apocalipsis 21, 1-8)

En medio de lo insólito y lo extraño de su descripción, para nosotros los católicos es bastante claro. Se aviva la fe y se fortalece enormemente nuestra esperanza.

No se necesita decir más. Con lo expuesto es suficiente.

A M É N...

Después de proclamar EL CREDO dentro de la celebración de la Santa Misa. Después de haberlo declamado en voz alta, con calor y vehemencia, en coro con los demás hermanos de la Asamblea, ante el altar de Dios, nuestra fe se fortalece porque hemos vuelto a confesar públicamente, con certeza y firmeza, que las verdades expuestas y declaradas en él, forman la estructura espiritual plena de nuestro ser. Que nuestra proclama brota de lo más profundo del corazón y que estaríamos dispuestos a respaldarla con nuestra propia vida, si esto fuera necesario, a la manera de los millones de mártires que lo han hecho a lo largo de los dos mil años de existencia de la Iglesia Católica.

A pesar de encontrarnos en los albores del tercer milenio, en el que se exhiben orgullosamente los avances extraordinarios conseguidos por la humanidad en todos los campos del saber, sorprendentes e indiscutibles a todas luces, aunque impregnados muchas veces de una infinita soberbia que atribuye todo el éxito obtenido sólo a la capacidad del hombre, sin tomar en consideración que esa capacidad que ahora nos asombra, no es más que un pálido reflejo de la inmensa sabiduría de Dios, de donde proceden los talentos de los hombres.

No obstante que vivimos una era de progreso extraordinario, de logros acumulados a lo largo de milenios, el amor cristiano predicado por Jesús de Nazaret no ha permeado en muchos corazones de los hombres y, aunque admirados por las conquistas y adelantos científicos alcanzados, tenemos que admitir que la barbarie vivida en la época de las cavernas, sigue haciéndose presente todavía en nuestros días, cuestionando seriamente nuestros avances como un pretendido mundo civilizado.

Aún hay dictadorcillos que se atreven a intervenir en la conciencia de los hombres, obligándolos a abjurar de sus principios religiosos y políticos, valiéndose del látigo y la tortura como recurso represivo, cuando no, utilizando métodos sicológicos que destruyen la esencia misma de la naturaleza del hombre; recurriendo frecuentemente al encierro sistemático en calabozos húmedos y asquerosos por espacio de semanas, meses o años.

El hambre, la sed, la tortura, la enfermedad y el abandono, son el pan de todos los días. A veces, hay que enfrentar la incomunicación absoluta, que desemboca invariablemente en el derrumbamiento anímico, en la desesperanza total y en la desesperación, hasta que ablandado el cuerpo por el dolor y la angustia, se quebranta también el espíritu, sobre todo cuando se hace frente a estas situaciones sin la fuerza de la fe que sostiene, anima, conforta y robustece, muy por encima del sufrimiento y de la misma muerte.

En pleno siglo veintiuno siguen muriendo en el tormento o en el paredón de los verdugos, cristianos que no abandonan su fe y confiesan con su vida su lealtad total a Jesús.

Cuando hemos proclamado EL CREDO, le hemos dicho a nuestro Señor que creemos firmemente en ÉL, que aceptamos gustosos lo que nos propone, que sentimos una firme esperanza en sus promesas que sabemos se cumplirán. ÉL es un Dios que garantiza lo que promete con la verdad de Su Palabra. Y así, pronunciamos con una fe convencida y firme nuestro AMÉN. Esa palabra tan judía, musulmana y cristiana, que se escucha frecuentemente en sus liturgias.

Y AMÉN quiere decir que nos sentimos ciertos y seguros, de que todo lo que nos propone el Señor Jesús en EL CREDO, es verdad. Que sabemos a ciencia cierta que los ofrecimientos de Dios serán efectivos indefectiblemente, porque ÉL es la fuente de la verdad. Por eso, junto con la palabra CREO que certifica, reafirma, asegura y señala con certeza que lo dicho es incuestionable, no dudamos en expresar confiadamente nuestro AMÉN, que junto con el CREO, sellan en un solo paso, nuestro aceptar, nuestro sentir, y nuestro esperar, en un "ASÍ SEA", sincero, profundo, confiado, que no nos defraudará.

Por eso, al terminar de proclamar EL CREDO en nuestra Misa, decimos con la misma convicción y con la misma fuerza, en voz alta y unánimemente con nuestros hermanos en la fe: AMÉN. Porque la comunidad cristiana asegura que el SÍ de Dios, se expresa por la Palabra de nuestro Señor Jesucristo, que cumple en plenitud sus promesas de salvación.

Quiera Dios que después de todas estas consideraciones, valoremos nuestro CREDO como lo que es: nuestro distintivo, nuestra divisa, nuestra insignia, lo que nos distingue como miembros de la Iglesia Católica, Apostólica y Romana ante el mundo y que de tal manera lo vivamos, que al "rezarlo", jamás lo proclamemos repitiendo de memoria un texto aprendido con un siglo de anticipación: frío, sin alma, sin sentimiento sino que vibre nuestro corazón y nuestra alma al confesarle a nuestro Dios y Señor, una vez más, que le creemos, que en ÉL vivimos, que en ÉL esperamos y que nuestra vida es suya.